AF341294

[...] UNIVERSELLE

Par M. Paul PERRIER

Extrait des N°s 5, 6, 7, 8, 9 et 11 du Bulletin de la Société.

PARIS,

MALLET-BACHELIER, IMPRIMEUR-LIBRAIRE

de l'École Impériale Polytechnique, du Bureau des Longitudes, etc.

Quai des Augustins, 55.

18[...]

SOCIÉTÉ FRANÇAISE DE PHOTOGRAPHIE.

COMPTE RENDU

DE

L'EXPOSITION UNIVERSELLE

DE 1855,

PAR M. PAUL PÉRIER.

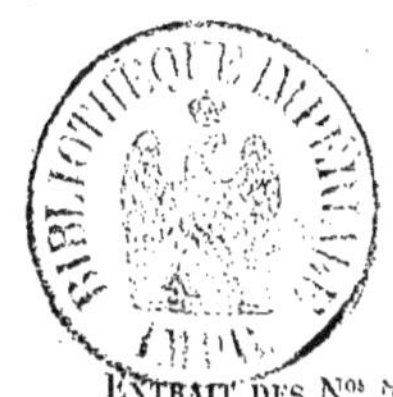

EXTRAIT DES Nᵒˢ 5, 6, 7, 8, 9 ET 11 DU BULLETIN DE LA SOCIÉTÉ.

PARIS,

MALLET-BACHELIER, IMPRIMEUR-LIBRAIRE,

DE L'ÉCOLE IMPÉRIALE POLYTECHNIQUE, DU BUREAU DES LONGITUDES, ETC.

Quai des Augustins, 55.

—

1855

1856

EXPOSITION UNIVERSELLE.

1855.

PHOTOGRAPHIE.

§ I.

Dans un des premiers couloirs qu'on trouve à sa gauche en entrant au Palais de l'Industrie par le grand portail, on rencontre quatre ou cinq compartiments, réduits ou cabines, sur les quatre faces desquels se pressent les plus brillants spécimens de la Photographie française, en se disputant les rayons obliques d'un jour changeant et douteux.

Certes, si nous avons lieu d'être fiers pour notre art de cette exhibition, ce n'est pas en raison de l'hospitalité qui nous est faite.

Elle rappelle un peu trop ces catacombes du Louvre, de sinistre mémoire, où tant de peintres se sont vu ensevelir de leur vivant.

Déjà beaucoup d'entre nous se sentaient à l'avance dépaysés au milieu des produits, tout merveilleux qu'ils soient, de l'industrie cosmopolite. Les résultats glorieux et féconds d'une découverte qui surpasse et menace dans leur existence même la lithographie, la gravure, et jusqu'à certaines régions de la peinture, leur semblaient dignes de trouver place dans le sanctuaire *des arts.*

Une vérité désormais hors de conteste fortifiait nos droits à cette distinction : c'est que nos productions sont de celles où le goût et l'intelligence impriment aux œuvres de choix un sceau plus caractéristique, établissant de la sorte entre le photographe purement industriel et le photographe artiste une démarcation profonde.

Or, la part de chacun eût été faite par un jury des beaux-arts ; on pouvait du moins l'espérer ; les œuvres artistiques eussent été les bienvenues et se fussent humblement rangées au-dessous des créations du génie. Quant à ceux qui, sous prétexte de photographie, dirigent des manufactures d'enluminage, avec le concours d'*artisans qui travaillent à leurs pièces*, ils auraient eu la ressource d'exposer leurs articles à cette place, d'ailleurs très-honorable, où nous sommes, c'est-à-dire au milieu des produits manufacturés dans le monde entier.

Nous n'insisterons pas sur ce point, quant à présent.

Bornons-nous à dire qu'au moins la Photographie méritait-elle, par ses relations étroites avec les arts libéraux, un peu plus de cette large lumière prodiguée sur des baignoires en zinc ou sur une foule d'autres objets qui n'en avaient pas tant besoin.

Nos amis et voisins, les Anglais, ont mieux fait sous ce rapport : ils ont placé la Photographie dans les galeries du premier étage, où le plus beau jour l'éclaire impartialement, et permet aux visiteurs d'admirer sans fatigue et sans attendre un caprice des nuées.

Le peu de place qui nous est laissée dans ce bulletin ne comporte pas une appréciation détaillée.

Nous ne pouvons que jeter un coup d'œil d'ensemble sur une exposition encore incomplète.

Puisque, après tout, nous sommes chez les industriels, à tout seigneur, tout honneur. Voici les fortunés princes du coloriage et de la photographie latente qui nous donnent les œuvres de leurs peintres et miniaturistes ordinaires. L'éclat et l'or des bordures ne le cèdent qu'au cliquetis des images. Toutes les couleurs de l'arc-en-ciel, tous les chatoiements de plumage des oiseaux du Brésil y éblouissent les yeux des femmes amoureuses de parure et de fard. On a vraiment bien fait de nous séparer des vitrines de Lyon et des montres de parfumeries, car le véritable satin et le rouge en pot n'auraient pas eu beau jeu près de ces enchanteurs.

Nos yeux se reposent enfin sur les cadres de nos artistes sérieux. Nous sommes heureux de rendre un premier hommage à MM. Baldus, Bertsch, Bilordeaux, Bisson, Giroux, Legray, Lesecq, Martens, Ch. Nègre, Adrien Tournachon, etc., etc. Non-seulement ils soutiennent une renommée légitime, mais ils offrent encore à divers titres, avec des qualités différentes, de nouvelles et magnifiques preuves de ce que peuvent le goût, la conscience et la passion de l'art, aidés par une habileté pratique supérieure.

A la suite, émules redoutables ou disciples ardents stimulés par l'exemple, se présente la tribu des amateurs. MM. Aguado, Cousin, B. Delessert, Fortier, Renard tiennent le premier rang, que viendra leur disputer M. Bayard, quand il sera prêt.

Parmi les plus fraîches recrues, M. de Bérenger promet d'égaler ses anciens. On regrette l'absence de MM. Caron, J. Couppier, Durieu, Gaillard, Humbert de Molard, Jean Reynaud, Robert, Marville, Mailand, Mestral, L. Rousseau, Stéphane Geoffray, Vigier, Roman, Vallou de Villeneuve, et d'autres encore qui manquent au rendez-vous, sans pouvoir être admis à présenter la modestie pour excuse.

Enfin, si nous passons le détroit, en montant au premier étage, les noms de MM. Roger Fenton, Maxwell Lyte, H. White, nous frappent des premiers, et nous aimons à proclamer sans retard quel merveilleux parti nos excellents alliés ont su tirer du collodion.

Peu de personnes, jusqu'à présent, ont pu jouir de la vue de ces charmants ouvrages; c'est un plaisir qui coûte encore cher. En outre, le déballage et le placement sont loin d'être achevés pour l'Exposition en général, et le public, averti, s'abstient, pour ne pas gâter le plaisir que lui promet la pièce en assistant à la répétition.

Nos diverses revues photographiques arriveront donc encore assez à temps, soit pour signaler à nos lecteurs les œuvres exceptionnelles, soit pour exprimer en l'honneur des plus habiles, si toutefois cette ambition nous est permise, le commun sentiment des amateurs de l'art.

§ II.

S'il est à notre époque un travers commun, disons plus, une maladie contagieuse, c'est la vanité qui pousse chacun à sortir de sa sphère, et surtout à vouloir paraître plus qu'il n'est. *Sutor ultra crepidam.* Aussi n'est-ce pas sans quelque hésitation que nous venons revendiquer, au nom de la photographie sérieuse, un titre plus éclatant, un rang plus élevé que ne les lui ont accordés les directeurs de l'Exposition, dans ce solennel classement des œuvres du travail humain.

Nous provoquerons ainsi deux reproches. On nous accusera d'avoir des visées plus hautes que notre mérite, et de professer pour les œuvres industrielles un dédain mal séant. Ni l'un ni l'autre ne seraient fondés. En parlant au nom collectif d'une corporation déjà puissante, d'une phalange forte et fière de ses rangs pressés, de ses grands travaux et de ses rapides conquêtes, on dépasse les proportions et l'on évite les ridicules des vanités individuelles. Nous espérons, d'ailleurs, mettre nos prétentions d'accord avec le bon sens et la logique, et montrer qu'en nous refusant nos titres légitimes on a, de plus, méconnu les lois de l'ordre et de la méthode et commis une erreur manifeste en matière de statistique.

La photographie est-elle un art ou un métier? doit-on voir dans ses différentes applications la pratique d'une industrie, ou la culture d'une branche des beaux-arts? Telle est la question que nous avons abordée dans notre préambule, et qu'il serait utile d'approfondir et de résoudre une fois pour toutes.

Personne, que nous sachions, ne dispute aux plus belles pages photographiques déjà connues les qualités et les conditions d'une œuvre d'art. Le procédé créateur étant mis en dehors, l'image obtenue a toutes les apparences d'un dessin de grand maître ou d'une gravure de premier ordre; les égalant presque de tous points, elles les surpassent à quelques égards, produisent une impression aussi forte, excitent chez les hommes de goût une même admiration. Mais patience! nous n'avons du lion que la peau; un mot nous renverse du piédestal : *Chacun peut en faire autant.*

Tel est, en effet, le préjugé reçu parmi ceux qui n'ont aucune donnée sur les difficultés que nous avons à vaincre. *La rivière est large et belle, mais le pont sur lequel on la franchit n'est que le pont aux ânes!* Et comment s'étonner de ce mépris des ignorants, quand on a vu tout à l'heure un photographe de talent et de renom résumer tous nos mérites en une adroite combinaison de quelques drogues, et promettre ainsi la perfection au premier venu qui saura peser, dissoudre et filtrer? Sans doute, c'étaient à la fois un besoin et une licence de polémique qui portaient notre honorable confrère à nous battre ainsi sur son propre dos. Mais on n'a certes jamais servi plus à souhait ceux qui veulent rabaisser nos travaux aux conditions d'un métier.

Or, n'en déplaise aux juges ignorants, comme aux photographes humoristes, ils ont tous logé leurs appréciations aux antipodes de la réalité.

Il leur suffirait, pour s'en convaincre, de parcourir les yeux ouverts nos rues, nos boulevards et même le Palais de l'Industrie. Tout homme, dont le mauvais goût ne sera pas assez robuste pour placer les drôleries de MM. *deux, trois et quatre étoiles* sur la même ligne que les chefs-d'œuvre des Bisson et des Baldus, devra convenir qu'en photographie, comme jadis en plus gaie science, *non licet omnibus adire Corinthum.* Sans doute, il est vrai qu'avec une chambre noire, un objectif, du verre ou du papier, quelques produits chimiques, Jocrisse lui-même finira par obtenir un portrait ou une vue; seulement le portrait sera de tous points une caricature, et la vue fera regretter le papier blanc qu'elle couvrira.

Mais voici deux praticiens que nous supposerons également consommés dans les manipulations; donnons-leur des instruments, des solutions et toutes circonstances, en un mot, parfaitement identiques; n'admettons pas même le chapitre des accidents; accordons que tous deux aient bien conduit jusqu'au bout leur épreuve au gré de leur entière volonté : souvent l'un accouchera d'un chef-d'œuvre et l'autre d'une pauvreté. C'est que l'un des deux sera, par étude ou par instinct, homme de goût et d'observation, doué de l'œil d'un coloriste, familier de la nature et versé dans les secrets de la lumière; tandis que l'autre, absorbé jusque-là par des préoccupations d'un ordre encore plus élevé peut-être, mais très-différent, et tombant, pour ainsi dire, de la lune en pleine mer artistique, y aura tout juste apporté les connaissances nécessaires pour distinguer le blanc du noir. Eh bien, toute la question est là ! si ce que nous venons d'avancer est exact, notre cause est gagnée.

Nous l'allons montrer tout à l'heure. Mais pour nous assurer le bénéfice des conséquences, arrêtons-nous encore sur les prémisses.

Il ne nous suffit pas que l'inégalité des résultats et ses causes, par nous proclamées, soient réelles; il ne suffit pas que ce soit une vérité d'évidence et de tous les jours, admise comme article de foi parmi les photographes de quelque valeur. Nous voulons aller plus loin, et prétendons établir comme impossible qu'il en soit autrement.

On nous oppose que nos dessins se produisent tout seuls, par l'action spontanée de la lumière, pendant que nous bayons aux corneilles.

On pourrait dire plus encore : il ne se produit pas un dessin, mais trois, quatre, dix et vingt dessins successifs sur la même surface, d'effets et de valeur différents. Les opérations antérieures et subséquentes, avec leurs résultats variables, multiplient encore ces phénomènes parmi lesquels le photographe doit choisir, et qu'il peut même, jusqu'à un certain point, déterminer d'avance, à ses risques et périls. Or, c'est précisément dans ce choix, dans cette intervention qu'est toute sa part méritoire, part énorme et décisive, rôle d'artiste véritable, puisque toute qualité, toute valeur artistique, toute supériorité du beau sur le médiocre y sont liées étroitement et ne tiennent qu'à cela. Si, la glace ou le papier une fois mis dans les conditions de sensibilité voulues, la lumière faisait le reste, assurément les œuvres de tous les photographes du monde seraient des pièces de monnaie frappées au même coin. Car il n'est personne qui ne puisse faire assez bien la petite chimie qu'il nous faut (quand on ne veut pas inventer, expliquer ou définir), et qui ne prenne sur lui d'être assez minutieux et propre pour se mettre en état de profiter des complaisances d'un soleil dont la vieille habitude est de luire pour tout le monde.

Par malheur, tout divin qu'il soit, ce beau soleil n'en sait pas encore aussi long. Il noircit, ou du moins il impressionne intimement un papier blanc qu'on lui présente. Il nous rend ce service en passant par le corps de tous les objets qu'il éclaire et dont la lentille de nos chambres noires amène l'image sur ce papier.

Mais il n'est, après tout, ici, Dieu nous pardonne ce blasphème! qu'un agent aveugle, indifférent et servile.

Selon qu'il aura fonctionné plus ou moins longtemps, selon la nature et la durée des opérations ultérieures, les lumières et les ombres de notre image seront plus ou moins intenses. Non-seulement leur valeur absolue, mais aussi leurs relations seront différentes et donneront à l'épreuve définitive toutes les qualités ou tous les défauts. Avec le talent, déjà rare, de comprendre, de composer, encadrer le tableau, c'est là, et là surtout, que l'action et la responsabilité de l'artiste commencent. Jusqu'ici nous n'avions eu qu'un opérateur.

Suivons cet artiste méconnu dans son obscur laboratoire, en bravant les apparences de nécromancien qui le déguisent. Nous allons mieux apercevoir tous les écueils dont il est environné.

On sait que dans les deux procédés photographiques les plus répandus, le collodion et le papier, l'impression lumineuse donne une contre-partie de ses effets directs sur les objets extérieurs, une image inverse où les blancs de la nature sont noirs, et réciproquement. De là le *négatif* ou cliché, à travers lequel une seconde exposition à la lumière solaire viendra dessiner l'image directe ou *positive* sur un papier convenablement préparé.

Il s'agit donc de conduire le travail dans toutes ses phases, de telle sorte que les lumières, les ombres et les demi-teintes du négatif donnent sur le positif des résultats inverses propres à faire un dessin à la fois puissant et doux, large et fin, harmonieux dans ses contrastes.

Quelque excès dans une solution, la moindre différence dans les procédés, quelques minutes, voire quelques secondes de négligence ou d'erreur, ou même (question controversée toutefois) trop ou trop peu de pose à la chambre noire, et le résultat sera médiocre, sinon détestable.

On conçoit dès lors que, pour l'artiste même du goût le plus sûr, ces détails infinis, ces reports d'effets inverses aux directs, et tout le côté technique des opérations exigent une assez longue expérience avant qu'il se soit bien pénétré des relations du négatif avec le positif et qu'il sache obtenir le premier parfait en vue du second, lequel, après tout, est le but suprême. Mais, à coup sûr, l'artiste ou l'amateur éclairé, s'ils veulent s'en donner la peine, y arriveront tôt ou tard.

Quant à celui qui sera resté étranger à toutes notions d'art et que la nature aura privé des facultés nécessaires pour les acquérir, fût-il un chimiste hors ligne, adroit, patient, minutieux autant qu'homme au monde, comment formera-t-il son jugement sur ses propres œuvres? où sera sa boussole? Pour modifier les qualités ou les défauts de ses premiers essais, encore faut-il qu'il soit en état de contrôler avec certitude ces qualités et ces défauts. Enfin quel est l'objet de l'examen? Un dessin. C'est là *matière d'art*, ou la langue n'a plus de sens. Or qui peut

et veut juger sainement ses propres travaux, sans être aveuglé
par les illusions de la paternité, doit, à bien plus forte raison,
être en état de juger ceux d'autrui. Nous voilà donc amenés,
par une logique invincible, à constater, bon gré mal gré, que
le photographe, pour produire de bonnes épreuves autrement que par hasard, doit être capable d'apprécier toutes les
œuvres analogues aux siennes, en d'autres termes, toutes les
œuvres d'art; que son œil exercé doit discerner, d'un regard
prompt et sur le meilleur tableau parmi des tableaux, la plus
belle gravure parmi des gravures diverses ou de divers états,
la plus puissante eau-forte, en un mot qu'il doit être un juré
compétent (chose rare) pour tous les concours artistiques.
Maintenant, qui pourrait contester que les facultés, innées
ou conquises par l'étude, qui font l'artiste, créateur, expert,
collecteur ou critique, peu nous importe, soient précisément
celles qu'exige une pareille tâche? D'où nous sommes en droit
de conclure comme nous nous l'étions proposé, c'est-à-dire
que le succès en photographie dépend étroitement des conditions qui font le succès, l'orgueil et les jouissances de tous
ceux qui se livrent au culte des beaux-arts.

N'est-il pas superflu d'ajouter que ces facultés ne courent
pas les rues, et que dès lors, en voyant une photographie
parfaite, il est absurde d'imaginer que, pour en faire autant, il
suffise d'acheter des drogues et des fioles et de consentir à se
noircir les doigts?

Est-il plus juste, plus rationnel, d'exclure des salles consacrées aux œuvres d'art des productions secondaires, sans
doute, mais qui, pour justifier de leur parenté, montrent des
parchemins en si bonne forme?

Secondaires, avons-nous dit, et nous le répétons avec tout
l'empressement du respect. Si nous nous parions, en effet, des
plumes du peintre ou du sculpteur, nous serions bons à traiter
comme des geais effrontés. Loin de là. Nous soutenons seulement avoir droit de bourgeoisie dans la cité, mais nous y
saluerons toujours bien bas la noblesse; dans ce festin des
grands seigneurs de l'art, les miettes peuvent nous rassasier.
Mais ces miettes sont à nous, et nous les réclamons.

D'autres sont admis dans l'enceinte sacrée qui n'y ont
guère plus de droits, à bien prendre. En effet, tombant d'accord avec nous de nos mérites revendiqués, on objectera

sans doute que nous ne sommes cependant pas créateurs.

Mais, sans vouloir ici rabaisser personne, la gravure proprement dite est-elle créatrice? taille-douce, eau-forte, aqua-tinte, font-elles autre chose que reproduire et multiplier une œuvre préexistante? Et si nous nous plaisons à proclamer les éminentes qualités nécessaires pour y exceller, ces qualités sont-elles autres qu'un sentiment profond du modèle et de l'art en général, un goût exercé, de la patience, une longue pratique de procédés spéciaux, c'est-à-dire identiquement tout ce qui met un photographe hors de pairs? Quel rire accueillerait pourtant celui qui prétendrait assimiler le graveur à l'industriel!

Certes les grands hommes de la gravure sont rares; les Marc Antoine, les Albert Durer, les Morghen se comptent comme les siècles; mais aussi qu'elle était courte en proportion la liste des concurrents!

Au contraire, parmi les innombrables essais qu'a provoqués la photographie depuis vingt années, combien comptez-vous d'artistes et d'amateurs qui se partagent le premier rang? En France comme en Angleterre, et dans les deux classes, on essayerait en vain de parvenir à la vingtaine.

Nous portons, il est temps de le dire, la peine des péchés de nos faux frères. A voir les choses sans nom qui tapissent nos rues et nos boulevards, aux places même les plus chères et les plus admirées de la foule des badauds; en présence du nombre effrayant, de la médiocrité désolante et souvent du plus impudent charlatanisme, Rome a craint une invasion des barbares et nous a fermé ses portes.

Les portraits à la grosse, l'enluminage à façon, la photographie à deux et trois couches sans compter le vernis, ont appelé la proscription en masse sur des artistes en qui nos juges n'eussent dû voir, au contraire, que des exceptions d'autant plus brillantes à honorer, s'ils avaient su tempérer leurs impressions fâcheuses par un peu plus d'examen et de discernement.

A côté d'humbles mais passionnés apprentis qu'ils abritent sous leur ombre, nos maîtres les plus justement célèbres ont, dans leur intime voisinage au Palais de l'Industrie, quelques uns de ces grands coupables qui les ont entraînés dans le purgatoire. Et si quelque chose leur y rappelle ce bas monde et leur en promet un meilleur, c'est bien cette réalisation des paroles du Christ : *Les premiers seront les derniers.*

Il semble, en effet, qu'on ait mesuré l'espace avec une règle inverse du mérite, et que l'on ait voulu mettre une variante au proverbe : *Tout ce qui reluit passe pour or.*

Aussi bien et l'endroit donné, c'est justice. Un des principaux buts de l'industrie moderne est de reluire à peu de frais et d'en vendre la recette ; les portraitistes colorieurs à grands cadres armoriés sont passés maîtres en ce genre et bien dignes, par conséquent, de prendre le pas dans le caravansérail universel, sur des confrères assez naïfs pour s'attacher au côté noble, intelligent et poétique de leurs travaux.

Qu'il nous soit permis, à ce propos, de relever courtoisement le singulier quiproquo qu'un éminent critique et historien de la science a laissé commettre à sa plume dans la *Presse* du 16 juin. Il semble réclamer les honneurs et les priviléges de l'art précisément pour ces enduits plus ou moins siccatifs avec lesquels on est en train de corrompre à jamais le peu de goût qui reste au vulgaire.

Nous n'appliquons certes pas ce dernier reproche aux travaux de M. Defonds, non que nos préférences leur soient acquises en tant que système, mais parce que nous savons reconnaître, comme l'écrivain de la *Presse*, les qualités et les tendances qui séparent cet artiste de la plèbe des barbouilleurs à la gouache. Mais le vœu que nous repoussons a le tort d'embrasser dans un compliment très-inattendu la vaste catégorie de ces produits informes que tout amateur des arts doit voir avec une réelle douleur se propager comme la mauvaise herbe.

Que ces images *fades et maniérées, sans modelé, sans vigueur, tristement empreintes de lourdes retouches* soient même seulement *supportables* ; que le replâtrage en couleur des photographies *ait créé un nouveau genre de peinture ou d'aquarelle, mis en pratique par des artistes d'un rare mérite, par des peintres en miniature de talent ;*

Et que ce genre *eût dû se présenter* sans nous *au Palais des Beaux-Arts ;*

Ce sont là des révélations auxquelles nous tous qui nous occupons, il est vrai, d'art et non de science, nous ne nous serions guère attendus.

Le critique si distingué que nous sommes ici forcé de contredire et qui, dans son *Histoire des Découvertes modernes,* avait traité la *question d'art photographique* avec une supériorité si pleine de promesses, nous ferait un plaisir très-réel s'il voulait bien nous dire quels sont, à l'exception des travaux intéressants de M. Defonds et d'un ou deux autres, les hommes *de talent* qui font autre chose que d'affreux badigeonnages *avec des calques daguerriens*.

Une frayeur nous prend et nous empêche de clore dès à présent une discussion déjà trop longue. La photographie fait tous les jours de nombreuses recrues. Beaucoup de ceux qui s'y adonnent quittent les soi-disant douceurs d'une oisiveté complète, ou se reposent dans cette attrayante étude, après d'anciens et respectables labeurs de toutes sortes, et beaucoup n'ont pas le moindre antécédent, la plus mince tradition, le plus modeste bagage artistiques.

Faut-il donc qu'ils se tiennent à tout jamais pour profanes, et nos conclusions emportent-elles anathème contre eux et leurs efforts? Un mot pour que notre conviction, si profonde qu'elle soit, ne les décourage ni ne les offense.

Le monopole du goût n'appartient à personne. C'est même en général un titre bien élastique que celui de connaisseur. On compte par milliers ceux qui le prennent; on n'en citerait pas un qui sût démontrer péremptoirement son droit à le porter. La nature a fait en germe beaucoup d'excellents juges et gourmets des belles choses, que la vie sociale a dévoyés. Par modestie, par nécessité de carrière, manque de loisirs ou toute autre cause, ils s'ignorent eux-mêmes ou n'ont qu'un soupçon de leurs secrets instincts. Cependant le foyer gît à l'intérieur, avec un de ces bons feux préparés dans toutes les règles, mais que n'a pas encore touchés l'etincelle.

Chacun peut être de ceux-là. Libre à tous de le croire et d'essayer; beaucoup réussiront.

En outre, il est peu d'organisations absolument ingrates, auxquelles il soit refusé d'acquérir par l'étude, l'observation et le commerce des maîtres, les facultés qui ne surgissent pas violemment d'une irrésistible vocation. Le goût, jusqu'ici voilé sous l'inexpérience et l'inaction, se développera presque toujours plus ou moins, et parfois à très-haut degré.

- Voilà donc une seconde source d'espoir et d'encouragement aux débutants timides.

Quant à ce qu'il puisse bien y avoir pourtant de ces natures

déshéritées et maladives, que les portraits clinquants et bigar-
rés feront éternellement tomber d'aise en pâmoison, cela n'est
pas niable; mais assurément tout lecteur qui nous aura jusqu'au bout honoré de son attention, est trop spirituel pour ne
pas comprendre que nous ne le tenons point pour un de ceux-là.

Il ne nous reste plus qu'à toucher brièvement au côté le plus
triste et le plus grave de la question.

Le fiel qui semble parfois venir jusqu'à nos lèvres est bien
loin de notre cœur. Toutes les industries ont un côté respectable et touchant, même celles qui compromettent le plus notre
art de prédilection, et Dieu nous préserve de méconnaître aucun
de ces droits qu'un travail loyal et courageux, en vue de l'indépendance personnelle ou du bien-être de la famille, donne à tous
ceux qui l'accomplissent.

Le mauvais goût presque universel du public est d'ailleurs
une valable excuse, et nous comprenons que peu de gens se
sentent la force de remonter ce courant impétueux.

Hâtons-nous donc de le dire à qui pourrait s'y méprendre :

Sans antipathies, sans répugnances personnelles pour ceux
que nous critiquons et dont nous ne connaissons que les œuvres,
nous serions désolé de leur enlever un client, et le leur recon-
duirions par la main nous-même, si nous les savions en disette.

Mais il doit être toujours sous-entendu que la critique s'a-
dresse à des abstractions, et la défense des intérêts de l'art serait
impossible, s'il fallait subordonner les besoins de la vérité
aux convenances des individus. La condamnation d'une œuvre
longtemps caressée peut être quelquefois un arrêt de mort pour
un peintre, et néanmoins tous les jours nos critiques en renom
distribuent *nommément* le blâme et le ridicule : ce dont nous
nous sommes abstenus. Deux considérations enfin nous sti-
mulent et nous rassurent.

C'est d'abord l'audace et l'outrecuidance des médiocrités que
nous prenons à partie.

C'est ensuite, pour la plupart, l'éclatante prospérité de leur
fabrication. Il n'y a que plaisir à se moquer des barbouillés
et des barbouilleurs, quand les barbouillés sont ravis d'aise
et que les barbouilleurs s'enrichissent.

Espérons que le temps fera justice et que les photographes
éminents ne seront pas toujours crucifiés entre deux colorieurs;
qu'on apprendra dans le monde officiel à distinguer un

prosaïque métier d'un art consciencieux et plein d'avenir.

Certes, l'absurde et le faux ont dans la société moderne grandes chances de prédominer; mais il semblera quelque jour trop absurde et trop faux que des œuvres toutes personnelles dont le goût, l'étude, l'instinct du beau, tout ce qui fait l'artiste en un mot, sont les conditions créatrices, soient assimilées à des produits complexes, dont quelques-uns sans doute honorent les exposants et constatent le génie inventif de notre civilisation, mais qui ne procèdent presque jamais directement de leurs auteurs nominaux; avec des produits dont pour la plupart, en tant qu'objets industriels, le premier capitaliste venu peut, avec des matières premières, des mécaniques et des bras d'hommes, c'est-à-dire avec de l'argent fonder officine et tenir magasin.

§ III.

Au moment d'aborder la partie la plus scabreuse de la tâche du critique et de nous piquer les doigts aux fortes et rudes épines qui font de toute personnalité soumise à l'examen une sorte de hérisson très-incommode à toucher, nous devons expliquer comment nous avons résolu de simplifier la besogne; nous devons faire comprendre ce qui passerait à bon droit pour un parti pris de compliments, et pourquoi nous allons inévitablement tomber dans les banales placidités d'une satisfaction sans mélanges.

Il n'y aura point, il ne saurait y avoir ici de critique en pleine liberté. Alors même qu'il eût pu nous convenir de braver les dangers et, qui pis est, les dégoûts de ce rôle, nous ne l'eussions point accepté, parce que nous n'en aimons ni les rigueurs nécessaires ni la responsabilité morale. Il répugnerait à tous nos instincts d'exercer un métier d'exécuteur qui pour trancher avec la plume, au lieu du couperet, n'en comporte pas moins nombre de petites cruautés.

Il peut y avoir de beaux côtés dans la mission du critique, et nous n'avons pas envie d'en mal parler.

Mais n'en ayant ni les honneurs ni les profits plus ou moins désirables, il est sage d'en abandonner les charges à de plus forts : nous sommes trop vieux pour habituer notre poitrine au poids de la cuirasse, *robur et æs triplex*, qu'il nous faudrait endosser avant d'entrer dans ce régiment-là.

Un autre motif, d'ailleurs, suffirait à nous en détourner, nous eussions dû le placer en première ligne. La mission que nous avons reçue de nos trop indulgents collègues, et qui consiste, non pas à parler en leur nom avec l'autorité de leurs talents réunis, mais à remplir à nos risques et périls la place réservée dans ce Bulletin aux revues de l'exposition photographique, cette mission implique des ménagements tout particuliers et des bornes plus étroites encore que le bon goût seul ne les eût posées.

Comme le vrai chrétien qui déteste le péché, mais non pas le pécheur, notre Société voudrait bien exterminer certaine photographie, mais en épargnant certains photographes, et son Comité qui nous a fait l'honneur de nous mettre une plume dans la main, n'a pas eu besoin de nous avertir qu'elle ne devait pas être taillée trop pointue.

C'est même tout au plus si jusqu'ici, quoique étant restés dans un prudent système de généralités, nous avons pu modérer suffisamment la passion qui nous anime à l'encontre des marrons et des *hommes de couleur* de notre confrérie.

Mais, en tout cas, nous en avons dit assez pour qu'il ne soit plus besoin de poursuivre le crime en détail jusque dans les criminels.

A nos yeux, la cause était assez sérieuse pour être plaidée chaleureusement; la Photographie, telle qu'elle est mise en pratique et recherchée (c'est là le plus triste) par une grande majorité, fera descendre le goût public, en fait de portraits, au dernier degré de la dépravation. L'art perdra de ce côté tout ce qu'on avait à tort, dans le principe, espéré qu'il gagnerait. Le démontrer serait facile, mais trop long. Bornons-nous à dire que le plus grand mal ne vient pas précisément du contingent détestable et burlesque, mais du contingent médiocre, et, pour quelques-uns, *tolérable*. C'est un petit malheur, en effet, si des gens que satisfont des barbouillages trouvent toujours à point de prétendus photographes à leurs ordres; tandis qu'avec des à peu près nauséabonds, sans sexe ni genre, espèces d'âmes sans baptême, condamnées aux limbes, on obtient le déplorable succès d'arrêter le goût naissant dans sa marche vers la perfection, et de contenter tant bien que mal avec un breuvage malsain des gens bien intentionnés qu'allait peut-être envahir tout à l'heure la véritable soif du beau.

L'autorité d'une méthode panachée d'art et de science que, faute de la connaître, on croit infaillible, encourage et seconde ces enrôlements volontaires dans le parti de la platitude correcte et de l'insignifiance incurable.

Qu'on ne s'ébahisse donc pas si l'on nous voit, nous tous qui suivons l'art dans ses incarnations multiples d'un amour ardent et toujours jeune, harceler ses ennemis avec une hostilité véhémente; mais nous avons dit pourquoi, dans ce nouveau champ de combat si grandement ouvert par la Photographie, nous ne voulions infliger que notre silence à tant de drôlatiques champions qui l'encombrent. C'est donc chose bien convenue : pour nous, il est tout un aspect de la Photographie qui n'existera pas; tout brillant de couleurs qu'il soit, nous n'y voyons pas plus que dans la nuit noire : c'est peut-être un phénomène d'éblouissement; à la bonne heure! ne le regrettons pas, puisqu'il nous eût été si difficile d'en parler avec sang-froid et de ménager ses plus fiers porte-enseignes.

Il y aurait même à se demander s'il ne faut pas leur savoir gré d'être là? Le défaut de réflexion porte souvent l'homme à des accès d'ingratitude. N'en serions-nous ici qu'un exemple? Dieu qui créa tant de souffrances pour servir de repoussoirs à tant de bonheurs dont cette vie serait trop pleine, a soumis à peu près tous nos sentiments physiques et moraux à ce grand système des compensations : il a voulu que la laideur fît partout un contraste favorable à la beauté; la pluie fut inventée pour nous faire bénir le soleil ; n'aurait-on pas inventé Dorilas et Cléanthe au profit de nos jouissances à titre de repoussoirs photographiques ?

Un peu d'ordre étant nécessaire pour éviter la confusion et les redites, nous classerons les œuvres en plusieurs catégories, telles que, 1° vues pittoresques et paysages; 2° architecture, monuments et vues panoramiques; 3° portraits ; 4° reproductions; 5° genre; 6° science. On nous excusera de trancher la question de préséance d'après nos prédilections déclarées en faveur du paysage. La contemplation de la nature, la société des bois, des champs, des grands nuages et des vastes horizons, les mille ravissements doux et tristes que prodiguent au promeneur mélancolique les coteaux et les plaines, le moindre chemin vert ou le plus petit ruisseau nous ont toujours semblé l'un des plus vifs, parmi les bonheurs tranquilles et partant durables accordés à l'homme ici-bas; un de ces bonheurs de réserve, les mieux faits pour nous consoler de la perte des autres, et les plus dignes à la fois de se mêler, en les décuplant, aux plus grandes comme aux plus pures félicités de nos meilleurs jours.

Sans doute ce sont là des goûts qu'exaltent et que développent les meurtrissures de la vie sociale, et, sous ce rapport, nous en parlons avec une savante partialité. Mais combien d'autres meurtris prêts à nous tendre la main! combien surtout nous remercieraient si nous pouvions les décider à faire l'essai d'un traitement infaillible, au moins pour adoucir leurs peines !

Tandis que l'aspect des villes et la société forcée de leurs habitants semblent ingénieux à raviver toutes les plaies, l'harmonieux et riche silence de la nature et l'intimité de ses innombrables merveilles élèvent l'âme à des hauteurs qui la font insensible aux petites misères, et n'en laissent aucune grande au-dessus de sa fermeté.

Que ce soit au milieu des vives senteurs du printemps, dans les splendides épanouissements de l'été, parmi les pronostics muets et dorés de l'automne, ou même à travers les brillantes rigueurs et les poétiques dépouillements de l'hiver, une seule portion du cercle que l'œil embrasse à l'horizon renferme un trésor de bénédictions amassées pour le solitaire.

Et qui peut se flatter de ne jamais subir, si ce n'est aimer, la solitude ! J'en appelle à vous, naufragés de toutes fortunes, à vous surtout, artistes d'état ou de cœur, tristement assujettis à des murailles peuplées ! A vous, plus heureux que nous-même si vous remplissez vos heures de nobles travaux et de fécondes études; mais plus à plaindre cent fois, au milieu des froissements que vous sentez si bien et évitez si mal, quand vous aspirez en vain à ce rafraîchissement de votre âme ! *O rus! quando te aspiciam!*

Sans doute une voix amie, douce et discrète, fait grand bien, et La Fontaine a pu dire :

Les jardins parlent peu, si ce n'est dans mon livre.

Passe encore pour les plates-bandes et les espaliers! Flore et Pomone s'adressent moins à l'esprit qu'aux sens; mais Pan et Cérès sont de grands causeurs. Pour nous, les jardins sans clôture que la Providence a donnés au dernier de ses enfants, parlent un langage inimitable, de tous le plus tendre et le plus éloquent!

De là nos sympathies pour l'œuvre du paysagiste et pour l'artiste lui-même; nous retrouvons dans l'une un souvenir bien venu de nos promenades favorites, et dans l'autre il nous semble toujours deviner un compagnon de route, un associé d'enthousiasme et de champêtres extases.

Parmi les photographes dont les travaux ont le don de faire battre les cœurs ainsi prédisposés, il en est peu qui puissent rivaliser avec M. O. Aguado. Félicitons-le du goût avec lequel ont été choisis les motifs de ses trop rares épreuves. Rien n'est mieux d'accord avec les ressources et les bornes de notre art que ces intérieurs de forêts, ces adorables dentelles de branchages, de troncs et de broutilles, où se trahit l'exquise coquetterie de la nature jusque dans son extrême négligé.

Si quelque chose peut défier à jamais la patience habile ou la fougue librement capricieuse des grands peintres, ce sont bien ces fantastiques réseaux entrelacés par le céleste ouvrier, ces élégances divines que le plus inextricable fouillis des grands bois étale paisiblement dans un désordre sauvage. Les hautes futaies et les taillis de M. O. Aguado réalisent tout ce que peut caresser dans ses rêves le forestier le plus amoureux.

Que ce soit Fontainebleau le druidique, ou seulement ce pauvre bois de Boulogne si méconnu, rien n'est plus vrai, plus pittoresquement exprimé. Détails, ensemble, profondeur, perspective, tout y est! Les *Bords d'une rivière* sont aussi des plus heureusement choisis et rendus. Les eaux tranquilles et les bois qu'elles réflètent sont notre domaine par excellence, et M. O. Aguado en a pris possession magistrale. Nous trouvons en outre ici le bon exemple de l'emploi des ciels. Il est à désirer que cet exemple soit généralement suivi; car les ciels en papier blanc ont vécu, et malheureusement plus que l'espace d'un matin; c'était bon pour le temps où les premiers enchantements de la nouveauté modéraient les exigences de nos juges et légitimaient notre paresse. Mais il ne doit plus nous être permis de défigurer ainsi la nature en la privant de cette auréole à laquelle nous devons presque toute sa beauté. L'harmonie de tous et d'aspect, la puissance d'effet et de couleur sont à ce prix. C'est difficile, mais on est parti de plus loin ; il suffit que ce soit possible. Les moyens sont divers, l'expérience et le goût en régleront l'usage.

Les ciels de M. Aguado laissent à désirer. C'est moins son fait personnel que le défaut du procédé dans son état présent. Ils manquent de modelé, de force et d'éclat. On dirait des ciels peints dont on a rasé les demi-teintes et les vigueurs. Mais l'auteur se rendra maître de cette imperfection, son passé nous en est garant. Espérons aussi qu'en persistant dans le sage emploi des tons durables, il pourra modérer les tendances rousses de ses épreuves, qui d'ailleurs à tous autres égards représentent l'état le plus parfait auquel on ait amené jusqu'ici la photographie sur papier.

M. Baldus, dont les cartons doivent être pourtant richement garnis, n'a qu'une seule épreuve de paysage : il est vrai que c'est un chef-d'œuvre. On ne saurait voir un morceau plus brillant, transparent et lumineux. Les eaux sont limpides et profondes, le moulin bien à sa place au dernier plan ; les ombres claires et partout pénétrables, même dans leurs plus intenses localités.

L'absence de ciel, regrettable en principe, prête une réalité de plus à ce coin obscur de la montagne, d'un charme assez farouche ; le touriste sait bien qu'on n'y aperçoit guère les cieux sans risquer un torticolis.

Nous avons déjà salué les débuts de M. de Béranger. C'est avec intention et plaisir que nous insistons sur les travaux de ceux-là qui, comme lui, comme les Aguado, les Delessert, ne laissent pas aux prosaïques et vulgaires ébats d'une haute fortune le soin d'orner leur existence et de la signaler. Nombre de gens, et de vilaines gens, s'excavent les joues et se rident le front pour engraisser un coffre-fort déjà trop plein. Il est rare et consolant d'en voir d'autres se donner quelque peine pour satisfaire des goûts élevés, quand ils auraient tant d'argent à jeter à ces appétits secondaires qu'entretiennent le sensualisme et l'indolence.

C'est une belle et grandiose contrée que celle où M. de Béranger ne se contente pas d'être un noble châtelain. Il s'en est fait l'artiste, et c'est en artiste qu'il l'aime et la comprend. Parmi ses épreuves, presque toutes consacrées, ce nous semble, à glorifier le berceau de sa jeunesse, les principales ne seraient désavouées par personne, et promettent un photographe d'élite. De ce nombre sont *la Gorge du Furon et sa cascade, les Noyers de la ferme du château de Sassenage.* Il en est dont le nom nous échappe et qui nous ont fait grand plaisir.

Ce qui pourrait manquer parfois au procédé viendra de reste. Mais ce qui ne s'apprend guère et ne s'achète jamais, M. de Béranger le possède; c'est l'instinct et le coup d'œil qui cherchent le tableau le plus heureux, le trouvent et s'y arrêtent; c'est le goût qui le dispose et l'encadre, autant du moins qu'il est au pouvoir du photographe.

Un artiste de Troyes, M. Clausel, mal à propos relégué, depuis les premiers jours, au-dessus d'un confrère qui ne le vaut pas, a donné quelques excellents morceaux pris dans cette ancienne ville, si riche en vieux aspects au caractère poétiquement difforme et vermoulu.

La *Rue du Cheval-Blanc* a toutes les qualités d'une peinture blonde, large et puissante.

Le *Passage couvert du Saut-Périlleux, Saint-Urbain* et son entourage ont une valeur presque égale. Nous ne croyons pas être assez émus au souvenir de ces lieux aimés, pour faire les affaires de notre cœur aux dépens de la vérité photographique. Pour nous, M. Clausel est un étranger; mais Troyes et son département sont liés, nous l'avouons, aux plus chers et plus honorables souvenirs d'un bonheur cruellement détruit. On nous pardonnerait donc un peu de faiblesse. Disons pourtant d'une voix raffermie que M. Clausel doit nos éloges à son talent seul. Il faut avoir le courage d'être juste même envers ce qu'on aime, ce qui, pour certains caractères, est plus difficile qu'envers un ennemi.

M. Cousin tenait-il à justifier les regrets que sa retraite inspire à l'armée active? Il a certes bien réussi; nous n'avions pas besoin d'en voir autant pour être en droit de stimuler cette ardeur qui s'éteint; ce n'est pas assez d'être un excellent et aimable collègue d'administration, quand on peut être un photographe producteur de première force.

Un autre collègue, M. Fortier, qui connaît aussi notre amitié pour sa personne et notre estime de son caractère, nous excusera de ne pas nous arrêter ici sur son nom. Sa modestie ne gagnera rien pour attendre. D'ailleurs qu'il pompe comme l'abeille le suc des plus belles fleurs que nous avons pu jeter à ses émules, et qu'il l'emporte en sa ruche. Nous serions trop fiers qu'il vît dans cette invitation un suffisant éloge de ses deux charmants petits paysages.

Mais voici des chaumières moussues et colorées, de plantureuses cours de fermes, des routes champêtres, à travers quelques bons hommes de hameaux, des murailles décrépites, un vieux pont en ruines sur un torrent desséché, toutes les beautés des choses qui sembleraient devoir être laides, et tous ces heureux accidents du paysage qu'on dirait calculés. On sent, on devine le peintre habile et consommé, le coloriste et l'observateur délicat. Des ciels nuageux s'harmonisent chaudement avec les objets qu'ils éclairent; ils sont quasi parfaits, et si l'ensemble dénote un excès, c'est celui de la force et de la séve.

On entend dire quelquefois que, pour obtenir de pareils résultats, M. Giroux travaille ses négatifs après coup. C'est son secret; mais cela fût-il vrai, nous ne saurions l'en blâmer.

D'aucuns crieront à la supercherie : prêtres austères de la virginité photographique, au seul mot de retouche ils se voileront la face et porteront le deuil de leur vestale profanée !

Nous regrettons de ne pouvoir traiter *in extenso* une question qui soulève de si vives controverses; ces pontifes jaloux nous rappellent ce médecin qui, tenant dans ses mains la guérison *empirique* de son malade, préférait le voir mourir *dans les règles*. Interdire au peintre photographe, à tous ceux qui cherchent le mieux et savent l'obtenir, une certaine participation manuelle au résultat définitif, c'est mettre le moyen au-dessus du but, et vouloir faire prédominer une abstraction stérile sur les intérêts majeurs d'une création artistique.

Or il est difficile de concevoir en pratique une marche plus fâcheuse, une logique plus faible en théorie.

Nous n'admettrons jamais qu'il puisse exister, dans quelque branche que ce soit des beaux-arts, une sphère supérieure où l'honneur et le succès soient à la condition de se balancer comme une bête fauve d'un bord à l'autre de sa cage, emprisonné dans des formules despotiques et des procédés infranchissables; où la gloire consiste à s'obstiner sciemment dans la puérile abstinence des moyens aboutissant à la perfection : ce serait un singulier contrat que ce pacte de fidélité jusqu'à la mort avec des objectifs et des bassines.

Ah ! s'il s'agissait de figurer loyalement dans un concours scientifique, de sonder par une série de solennelles expériences les profondeurs de la photographie pure, ou de s'élancer, nouveau Francklin, à la recherche de son passage nord ; s'il était question de vider une gageure à qui ferait un meilleur dessin avec des procédés exclusivement chimiques, il faudrait honorer le scrupule. Mais telle ne peut pas être la question.

La Photographie a deux buts et deux ambitions : l'art et la science.

Le plus intéressant et le plus général, si ce n'est le plus utile, c'est encore l'art, au moins quant à présent.

Or, en fait d'art, la perfection absolue du résultat est tout ; le moyen n'est rien, ou du moins il s'efface et disparaît devant le but. Conçoit-on en effet que quelque chose soit, ou nous importe, en dehors de sa raison d'être ; et le résultat n'est-il pas la seule raison d'être du moyen ?

Laissez donc celui-là toucher à ses négatifs et même à ses positifs, dont le talent peut les améliorer. On n'y parviendra, certes, qu'à la condition d'être habile dessinateur ou coloriste, et de rester pour la lumière un collaborateur prudent et respectueux. Cela seul importe, et cela seul est assez difficile pour demeurer rare et méritoire. En un mot, souffrez qu'on atteigne le supérieur et le complet avec de sobres retouches. Libre à vous d'être fiers d'un fétichisme qui vous fera souvent végéter dans les à peu près.

Espérons enfin qu'on ne se méprendra pas sur la portée de cette parenthèse, et qu'on n'y cherchera pas une contradiction avec notre guerre aux badigeonneurs. Entre la discrète retouche de l'artiste et l'enduit pâteux du maçon est un abîme que nous n'avons pas comblé. Nous ne faisons d'ailleurs nulle difficulté d'avouer que nous blâmons moins encore la destruction du procédé sous-jacent que son remplacement par quelque chose d'informe et de détestable. Qu'avec l'aide et le secours principal de la Photographie, mais en y ajoutant un complément accessoire, on fasse mieux que la Photographie toute seule, nous y applaudirons de grand cœur ! et nous sommes convaincus que ce sera le privilége du très-petit nombre.

N'envions donc pas à l'artiste qui daigne se faire photographe cette supériorité persistante. Nous avons pris assez de butin sur son domaine, laissons-lui cela sans reproches.

Pour en revenir à M. Giroux, s'il a vraiment mis la main à ses épreuves, il ne pouvait fournir à sa cause un meilleur argument; et, s'il ne l'a pas fait, nous ne croyons pas avoir d'excuses à lui présenter, embarrassés que nous serions de savoir dans lequel des deux cas il y aurait à lui faire le plus vif compliment.

Nous ne voudrions pas oublier quelques jolies petites planches de M. Guesné, telles qu'une *Vue de Paris des hauteurs de Chaillot*, la *Fontaine de Georges Cuvier*, puis un bas-relief en miniature de l'*Arc de Triomphe* dont nous parlons ici par échappée. Le tout est mignon, net et doux, et d'une suave impression.

On doit à M. Heilmann, de Pau, trois épreuves très-fines et très-pittoresques : la *Gorge des Eaux-Chaudes* et deux *Vues du val d'Enfer*. La grande nature de cet heureux pays et son interprète se sont entendus pour obtenir des effets saisissants.

Pour M. Lesecq, le paysage semble secondaire. Il le traite cependant de manière à prendre rang dans le bataillon sacré : son *Étude de Châtaignier* pourrait étonner Rousseau lui-même, Dupré, Diaz, et leur rappeler les grands jours de Barbizon. Citons en outre une magnifique *Allée de Forêt*, belle parmi les plus belles. Il est à regretter que M. Lesecq renchérisse encore sur les tons roux les plus intenses de ses confrères; et, si nous osions, nous le prierions bien fort, au nom de ses admirateurs même, d'en rabattre quelque peu.

Il y a peu de jours que nous avons eu le plaisir de faire connaître verbalement à M. Martens notre façon de penser sur son compte, ce qui ne saurait nous dispenser de la lui dire dans ce Bulletin.

Pour le photographe, même le plus éminent, et le plus constant dans ses réussites, la *Vue du lac de Genève* serait un de ces résultats qui font marquer d'une croix blanche le jour de leur apparition. Nous la classons, avec une ou deux autres de genres différents, en rang hors ligne, au-dessus des œuvres exposées par tous les pays. Il est vrai que le sujet est délicieux, et qu'un rendez-vous de lac, de rivages, de montagnes et de villages suisses réunit trop de chances de plaire pour laisser la partie bien égale. Encore fallait-il se trouver à ce rendez-vous et le raconter dignement? C'est ce qu'a fait à merveille M. Martens. Il faut se rappeler une autre vue de lac par M. Roman, de Wesserling, pour concevoir un deuxième exemple de cette manière à la fois large et précise, de cette fermeté des premiers plans, unie à la très-fine et très-intelligible expression des lointains. On ne sait que louer le plus entre la composition, l'unité douce et les transitions charmantes, la justesse des relations ou les contrastes harmonieux. On accusait près de nous les tons jaunâtres de l'épreuve : c'est une question de durée ; tel qu'il est à cette heure, ce ton est chaud et des plus agréables. Le *Château de Chillon* serait de même famille, si la place du ciel était moins blanche et si les eaux étaient venues. Nous aimons moins le *Chalet,* qui nous a paru sec et dur ; c'est d'ailleurs un seul plan, trop voisin de l'œil pour produire un bon effet.

Quelques *Cimes de Glaciers* complètent le remarquable tribut de M. Martens. C'est par de semblables travaux qu'un photographe, soit dit sans double sens, s'élève dans les hautes régions de son art. Pour beaucoup d'entre nous, la Photographie n'offre que des chemins semés de roses et des labeurs sans fatigues sérieuses, et cependant nous ne cédons pas au voisin notre part d'importance. Sitôt que nous sommes hors de la case, nous nous estimons voyageurs :

> Voilà les Apennins, et voici le Caucase.
> La moindre taupinée est un mont à nos yeux.

M. Martens *a passé* de vrais *déserts,* et nous aimons à croire *qu'il y a bu.* M. Martens a gravi de vraies montagnes, et les plus âpres d'entre leurs sommets : tout confrère qu'ont tracassé maints petits obstacles dans son cabinet même, ou sur le seuil de sa maison, peut imaginer dans quelle proportion la compagnie de ces pics rébarbatifs doit accroître les embarras. Donnons donc une mention spéciale et tout admirative à ces photographes alpestres qui vont, au prix de si dures étapes, recueillir pour l'art et pour la science des aliments tout nouveaux. Réserve faite du grand calque du *Mont-Blanc,* qui trouvera son tour, nos *Glaciers* sont d'une exécution parfaite ; la difficulté la plus grande y est vaincue par delà toute attente, c'est-à-dire que les neiges ne sont pas solariées, et qu'elles ont leurs demi-teintes et leur modelé, sans que les roches voisines soient passées au noir brutal. C'est un tour de force que nous avions déjà constaté dans les *Vues des Pyrénées* de

M. J. Vigier. Qu'il nous soit permis, à ce propos, de déplorer que la collection de ces vues, d'une si haute valeur sous le double rapport de l'art et de la photographie, manque à notre exposition. Il est assurément d'autres photographes paysagistes dont l'absence est regrettable, et qui nous excuseront d'ignorer ou d'oublier leurs noms; mais, à notre avis, MM. J. Vigier, P. Gaillard, Mestral et Roman, que nous prenons comme exemple, sont de ces fortes individualités sans lesquelles notre prise d'armes est incomplète. En présence de la redoutable comparaison que nous avons à soutenir avec nos voisins d'outre-Manche, cette abstention est presque coupable.

Toutefois, M. Roman a très-honorablement pour lui, fort tristement pour nous, sacrifié ses goûts et son rare talent d'artiste aux devoirs de sa carrière industrielle, et ses plus beaux ouvrages ont été dispersés. Nous serions bien un peu tentés de chercher querelle à notre excellent ami M. Vigier sur les motifs de sa retraite; mais les sentiments de noble et délicate fidélité, dans une juste mesure, sont déjà rares : ne les exagère pas qui veut.

Restent MM. Paul Gaillard et Mestral, qui payeront pour tous et que nous tenons pour inexcusables. Ils font autorité. Chacun les écoute et les consulte au besoin; ils ont des trésors dans leurs portefeuilles. Que veut dire leur absence? Ce n'est ni de l'ironie ni de la fierté! Serait-ce de la modestie? Nous ne saurions la leur pardonner, et nous leur dirons, toujours avec le fabuliste :

> Il est bon de parler et meilleur de se taire;
> Mais tous deux sont mauvais alors qu'ils sont outrés.

Nous trouvons à la fin de nos listes le nom de M. Renard de Bourbonne, et dans aucun cas notre mémoire ne nous eût fait défaut à son sujet. Cependant ses reproductions nous semblent supérieures à ses vues, non que l'habileté de main, la finesse et les autres qualités techniques y aient manqué, mais parce que le choix des objets n'est pas très-heureux. Les vues générales de villes ont presque toujours l'inconvénient de donner des effets secs, durs et criards; cela tient aux contrastes féroces amenés par la blancheur des maisons. C'est un écueil que toutes les recherches de nos savants confrères n'ont pas encore pu éviter, si ce n'est dans un champ restreint et par des moyens artificiels, qui souvent renversent tous les effets de lumière.

Il y a, de la part du photographe qui passe outre à ces dangers, abnégation et courage ; car il est à peu près impossible d'obtenir dans ces données un succès complet d'aspect et d'harmonie. Inutile de dire aux praticiens que nous parlons ici des négatifs sur papier. La presque totalité des vues que nous venons d'examiner sont obtenues par ce procédé, qui jusqu'à ce jour, du moins en France, a conservé les plus nombreux partisans. En dehors de ses avantages matériels, il donnera pour bien longtemps encore, croyons-nous, des résultats qui, dans les œuvres de réussite exceptionnelle, réuniront toutes les qualités artistiques à un plus haut degré qu'aucun autre. A peine laisse-t-il dans la main des maîtres quelque supériorité de finesse à ses rivaux. En revanche, le faire large et fin tout à la fois, le détail sans sécheresse, une juste mesure de flou dans les plans secondaires, enfin un certain air de famille avec les meilleurs ouvrages des grandes écoles de peinture lui forment un apanage à peu près incontesté.

Tel est l'avis de la plupart des photographes que nous avons nommés et d'autres encore dont le nom fait autorité; telle paraît être aussi l'opinion de notre excellent et illustre président, M. Regnault, qui dans ses rares loisirs produit des épreuves de premier mérite, connues d'un trop petit nombre de privilégiés; mais qui surtout, avec une complaisance charmante, accessible à tous, nous parle d'art, comme s'il n'eût jamais eu d'autre culte, et comme s'il n'était pas déjà dans la science exacte une gloire européenne.

Au reste, papier, collodion, albumine, ce sont les trois cordes d'un même instrument, remarquables en cela, que chacune semble donner les effets les plus surprenants entre les mains d'un habile musicien. On est tout près d'exalter l'albumine aux dépens de toute autre méthode, quand elle est maniée par MM. Fortier, Bayard et Martens, les triumvirs de ce royaume; lorsque nous en serons aux Bisson, aux Lyte, aux Fenton, aux White, etc., comment ne pas faiblir dans nos préférences?

§ III.

SCIENCE. — MONUMENTS ET VUES PANORAMIQUES.

Ce n'est pas seulement dans l'histoire des arts, mais aussi dans celle des sciences, ou pour mieux dire dans l'histoire de la civilisation même, que la révélation publique des travaux de Niepce et Daguerre assure à l'année 1839 un rang parmi les dates mémorables; ces deux noms associés se perpétueront dans la mémoire des âges à la faveur et sous la recommandation toujours croissante des bienfaits d'une merveilleuse invention.

Déjà, quand la grande voix d'Arago se fut fait entendre du haut de la tribune législative, il ne fallut rien moins que les termes hyperboliques du langage pour exprimer l'admiration des contemporains, et cependant, aux yeux mêmes des savants, la nouvelle découverte n'allait guère au delà d'une récréation pour les gens de loisir.

En effet, tout amateur plus ou moins éclairé, tout oisif un peu curieux de nouveautés, tous maraudeurs de l'art trop paresseux, trop vieux ou trop occupés ailleurs pour affronter le rude apprentissage des écoles, s'emparèrent du féerique appareil et se promirent des amusements sans fin. Mais par delà ces distractions, et dans les sphères supérieures, les ouvriers du progrès, les grands chercheurs, ne comprirent pas tout d'abord qu'il pût y avoir dans ces jeux de la lumière une puissance digne de tous leurs respects, une force prête à seconder les plus nobles travaux.

Il était donc dans la destinée de cet art, fils du soleil, de se lever comme son père, en éclairant d'abord seulement quelques points de l'espace, pour illuminer bientôt après un immense horizon! A peine quelques années s'étaient-elles perdues dans le passé, que l'objet de curiosité se transformait en un progrès social bel et bien accompli. Parti des mains de ses premiers adeptes, le glorieux joujou de la veille, franchissant en quelques bonds tous les grades, passait dans l'atelier de l'artiste et dans le cabinet du savant.

Désormais la photographie compte parmi les moyens d'étude et d'investigation les plus complets que la science ait encore trouvés. L'astronome, le physicien, le naturaliste, le médecin, l'ethnologue, lui demandent, pour leurs hautes recherches, concours, aide et témoignage.

Nous devons laisser à d'autres plus compétents le soin de raconter quelque jour les débuts et les progrès de notre art dans cette noble carrière, et nous manquons de lumières suffisantes pour démontrer logiquement toute l'importance de la mission qu'il doit y remplir; mais quiconque, savant ou profane, voudra s'en faire une première et déjà très-grande idée, devra s'arrêter devant les cadres exposés par M. Louis Rousseau, collaborateur de M. Valenciennes au Jardin des Plantes, et les examiner avec soin. Si M. Rousseau n'était pas un des premiers esprits auxquels ait apparu la photographie comme agent de progrès scientifique, il aurait au moins le mérite d'avoir seul, on peu s'en faut (1), ouvert la marche dans une voie d'application pratique aux problèmes les plus délicats et les plus profonds de la physiologie. Il est difficile d'apporter à de si grandes études une ardeur plus efficace, un plus infatigable dévouement que M. L. Rousseau n'en met au service de ces travaux, dont il semble, en ennoblissant ce mot vulgaire, s'être fait une *spécialité*.

Un prisonnier russe, tatare ou baskir, arrive-t-il en France, mort ou vif, il est la chose de notre confrère, et se couche, pour la postérité, dans les feuillets d'un de ses albums. Un supplicié n'a pas de quoi faire peur à ses yeux de savant par le macabreux aspect d'une tête livide. Le nègre et le Chinois dépaysés passent inévitablement par son laboratoire; il n'y a pas jusqu'aux déesses de beauté de l'Olympe hottentot dont il n'ait à cœur de constater *à distance* les fabuleux avantages, et nous voudrions gager que déjà les Aztèques ont dû renoncer devant lui, pour quelques secondes, au mouvement perpétuel, et poser leurs crânes aviculaires en face de cette chambre noire cosmopolite.

M. L. Rousseau se repose rarement, et sans cesse il apporte, soit à la Société française de Photographie, soit à l'Exposition des Champs-Élysées, quelque nouveau tribut. Ici ses cadres

---

(1) En 1841, MM. Bisson frères ont exécuté plus de deux cents plaques demi-nature pour la reproduction des différents types de races humaines rapportés par le Dr Dumoutier, l'un des compagnons de voyage de Dumont-d'Urville. C'était, il faut le dire, une reproduction de *seconde main*.

présentaient, il y a peu de jours encore, des spécimens de la race mongole, des types bochismans et caucasiques, qui sont pour le voyageur et le savant d'un puissant intérêt.

Par un curieux et nouvel emploi de nos appareils, déjà mentionné dans un des numéros de ce Bulletin, il a reproduit les vers intestinaux (Ascarides) du cheval, avec une rare précision. Enfin, deux exemples pris sur de très-jeunes crânes montrent comment procède la nature dans les diverses phases de la dentition des enfants.

Ces épreuves sont obtenues sur collodion; précieuses pour la science, elles sont photographiquement parfaites. En homme consciencieux et qui ne veut laisser pénétrer aucun doute à travers le vague et les à peu près, M. Rousseau s'est rendu praticien émérite avant de consacrer le fruit de ses travaux à des intérêts d'un ordre si relevé.

MM. Bertsch et Arnaud sont, avec M. Rousseau, les seuls qui tiennent le drapeau de la science au Palais de l'Industrie (1). Leurs épreuves d'objets microscopiques méritent fort d'être signalées, tant par l'utilité du sujet que par l'extrême finesse de l'exécution. On ne poursuit pas des résultats de cette sorte sans avoir de sérieuses tendances dans l'esprit; on ne les obtient qu'à la condition de surmonter des difficultés ardues. Aussi doit-on mettre hors ligne les artistes qui savent laisser de côté des conquêtes plus brillantes et plus fructueuses, pour attacher leur nom à ces solides résultats.

Mais, si nous avons bonne mémoire, et quoi qu'on ait dit ou semble dire à ce sujet dans le feuilleton de la *Presse*, M. Bertsch ne serait ni le seul, ni le premier dont les essais photographiques auraient été dirigés dans ce sens.

En 1840, d'habiles opticiens, MM. V. Chevallier et Richebourg son élève, devinèrent tout le parti qu'il y avait à tirer d'une fidélité si minutieuse au profit des études micrologiques, et, combinant avec adresse la puissance des lentilles de l'ancien et du nouvel instrument, ils obtinrent des amplifications considérables dans toutes les données nécessaires pour édifier le naturaliste d'une manière enfin absolue et permanente. La première image (celle d'une puce) qu'ils eurent l'honneur de

---

(1) Ajoutons, toutefois, le nom de M. Riffault, dont nous aurons à parler à propos de la gravure héliographique.

présenter à M. Turpin, excita l'incrédulité du savant. L'infaillible dessin contredisait peut être un peu des essais manuels certes fort consciencieux, mais nécessairement imparfaits, et dérangeait sans doute quelques incidents d'un *siége*, non-seulent tout préparé, mais probablement déjà raconté.

Il fallut se rendre pourtant, et, la conviction une fois faite, ce dut être avec une joie sincère qu'un vétéran de l'étude reconnut quelques erreurs et se vit forcé de baisser pavillon devant la certitude victorieuse qui venait épargner tant de peines à ses continuateurs.

M. Richebourg exécuta, sous la direction et dans l'atelier de M. Vincent Chevallier son maître, une série d'épreuves destinées à passer sous les yeux de l'Institut. M. le baron Séguier, M. le Dr Donné doivent s'en souvenir.

En rappelant ces faits, nous rétablissons donc, tout à la fois, les droits de MM. Vincent Chevallier et Richebourg et la vérité sur un point de l'histoire photographique. Mais nous n'avons garde d'y chercher la moindre atténuation aux mérites de MM. Bertsch et Arnaud. Pour avoir navigué derrière Christophe Colomb, Cook et Lapeyrouse n'en sont pas moins des explorateurs glorieux.

C'est avec une émotion réelle, et nous avons presque dit avec respect, que nous arrivons aux noms de MM. Bisson frères. Nous savons la distance qui sépare l'exécutant du compositeur, et sommes de ceux-là qui voient le plus beau titre de gloire d'un Litz ou d'un Paganini dans la parfaite interprétation des chefs-d'œuvre de Mozart et de Beethoven; on n'a donc pas besoin de nous dire que notre enthousiasme doit réserver des tons exceptionnels et vierges en l'honneur des dieux créateurs de l'art que nous cultivons.

Cependant certaines applications, par leur magnificence, participent aux honneurs de l'invention; or, à notre avis, MM. Bisson utilisent les découvertes des Niepce et des Daguerre comme La Fontaine utilisa les fables d'Ésope.

Acclamer en eux une des plus brillantes illustrations de la photographie pratique, ce serait ouvrir la bouche bien grande pour en laisser tomber un lieu commun.

Architectes et peintres, ils ont voué leur existence aux arts. Mais à la façon dont ils traitent le nôtre, on les devrait croire prédestinés à l'honorer. Jeunes encore, ce sont déjà dans l'arme de vieux grognards. Ils en ont tous les chevrons. En eux l'habileté photographique semble s'être incarnée et, ce qui vaut mieux encore, greffée sur une organisation d'artiste. Il y a près de quinze ans que nous restions bouche béante devant des plaques où resplendissaient toutes les beautés des Rembrandt et des Vandyck; c'étaient des portraits de MM. Bisson, *peints* par eux-mêmes, et que M. Chevallier refusait de nous vendre à quelque prix que ce fût.

Faire plus et mieux qu'alors en ce genre leur serait impossible; mais depuis ils se sont approprié d'une façon supérieure toutes les conquêtes successives; ils y ont mis leur griffe et n'ont laissé devant eux personne dans les diverses routes qu'ils ont voulu parcourir. L'œuvre de Rembrandt, celle d'Albert Durer, popularisées par leurs soins, en font foi. Ont-ils essayé du paysage? Nous l'ignorons; mais à coup sûr, vers quelque région de nos États qu'il leur plaise jamais de se diriger, il faudra plaindre ceux qui jusqu'alors y tenaient le premier rang et voulaient le garder sans partage.

Depuis quelques années, MM. Bisson ont consacré leur talent à la reproduction des monuments; on peut dire qu'ils sont les Michel-Anges de l'architecture photographique. La beauté, la perfection, l'éclat de leurs ouvrages semblent défier toute rivalité.

Faisant abstraction de la dimension des épreuves, ce qui nous transporte et nous ravit, c'est, à côté d'une indescriptible finesse et d'une pureté générale inouïe, la grande et libre allure, l'harmonie, la connexité des effets les plus contraires, la lumière effrontée rehaussant, au lieu de les amortir, les mystérieuses pudeurs du clair-obscur; c'est, en un mot, la réunion de toutes les qualités de l'art le plus fier et le plus charmant à la fois!

Aurions-nous épuisé toutes les formes de l'éloge devant la *Cour du vieux Louvre,* la *Porte de la Bibliothèque,* le *Palais de l'Industrie,* l'*Escalier de Blois,* etc., que nous voudrions en trouver d'autres encore. Aussi n'y tâcherons-nous pas. Mais nous dirons à l'homme du monde : Venez, apprenez, et provisoirement prosternez-vous de confiance, ce que vous faites si souvent mal à propos ; à l'artiste : Appréciez et jugez. Nous dirons à l'architecte, d'accourir et d'emporter ces épreuves dans son cabinet, comme l'avare son trésor; à l'étran-

ger, de s'incliner après comparaison ; à tous les confrères, de
venir contempler des œuvres qu'ils doivent et peuvent avoir
l'ambition d'égaler, mais avec peu d'espérance de les sur-
passer jamais.

On retrouve à côté de MM. Bisson frères le seul photographe qui, jusqu'à ce jour, puisse être considéré comme aspi-
rant à leur disputer la prééminence dans la reproduction des
monuments. Nous avons nommé M. Baldus. En parlant de lui,
nous ne saurions être suspect, n'ayant jamais écrit ni prononcé
ce nom sans y accoler un sympathique éloge ; mais il nous faut
bien aborder un parallèle exigé par la circonstance, aux risques d'une conclusion que, d'ailleurs, les artistes et les amateurs ont déduite avant nous de leur examen.

Il est étrange que, pour une solennité pareille, M. Baldus
n'ait pas choisi plus heureusement ses épreuves positives, et
c'est à cette négligence que doit être attribuée, pour bonne
part, le résultat que nous signalons. Ces épreuves sont poussées
trop loin au tirage, ou retirées trop tôt des bains fixateurs ; de
là des ombres d'une intensité telle, qu'elles restent complète-
ment en dehors de la gamme de ton générale, et n'offrent plus
que des taches noires, ternes et sourdes, impénétrables à la
pensée comme à l'œil, et qui ne laissent rien deviner dans
leurs ténèbres. Il suffit de regarder les voûtes intérieures de
l'*Arc de l'Étoile*, les maisons au pourtour, les portes arcades
au-dessous du *Pavillon de l'Horloge*, etc., pour vérifier que
nous n'exagérons rien, et que, soit dit en termes d'atelier,
entre les *vigueurs* que nous critiquons et notre critique elle-
même ce sont les premières seules qui sont *féroces*. Il nous sera
donc permis de protester contre l'appréciation comparative
qu'on a faite des œuvres exposées par MM. Baldus et Bisson.

C'est bien malencontreusement, selon nous, qu'on tire avantage de ce rapprochement pour attribuer une supériorité quelconque à la méthode anglaise de négatifs sur papier. Il y a
d'abord erreur en fait, car, ou nous nous trompons singulièrement et cela en compagnie de nombreux confrères, ou les
négatifs des deux monuments de M. Baldus sont obtenus sur
collodion si ce n'est sur albumine.

Il nous paraît en outre y avoir erreur de jugement. En principe, il est vrai, nous opinons avec le critique, et notre profession de foi sur le papier se trouvait naguère à cette place

même. Mais si nous pouvions être ébranlé, ce serait par MM. Bisson; si nous admettons tout au moins une exception de fait, c'est en leur faveur. Il y a précisément dans leurs épreuves toutes les qualités qu'on prête à celles de M. Baldus, et que ce dernier présente souvent, sans aucun doute, mais qu'enfin il n'a pas rencontrées cette fois. A bien dire même, si quelque excès caractérise les épreuves de MM. Bisson, c'est un excès général de transparence et de douceur, surtout dans les enfoncements où se perd le regard, tandis que nous en voyons un bien autrement palpable et tout contraire dans celles de M. Baldus.

L'un et l'autre ont exposé des vues d'ensemble qu'on peut appeler panoramiques, quoique formées de plusieurs pièces réunies; MM. Bisson une *Vue de Paris*, prise par-dessus le Pont-Neuf, et M. Baldus les *Arènes de Nîmes* et *le Lac*.

Comme tour de force, comme égalité de résultats, comme ton surtout, la première est encore préférable; mais nous déclarons n'avoir aucune sympathie pour le genre patagon, et réserver à des morceaux plus délicats, plus artistiques, les exclamations superlatives que tant de gens prodiguent à ceux-ci. Foin des opinions toutes faites et des impressions convenues! Il nous répugne de mesurer le mérite et le talent soit à l'hectare sur le terrain, soit à l'aune sur les cadres.

Sans doute il faut une rare adresse, une pratique laborieuse pour tripoter convenablement des glaces collodionnées d'un mètre carré de surface; mais c'est un mérite purement manuel, et la lutte, en pareil cas, s'établit sur l'ampleur des bassines, sur la rotondité des fioles et la dimension du matériel ambulant, toutes choses en soi fort prosaïques. Ce sont là des défis auxquels l'art n'a rien à gagner, tandis que les jouteurs y ont tout à perdre. Nous les adjurons de se battre sur le terrain des qualités, et non sur celui des quantités.

Ce dernier présente un inconvénient grave, c'est de révéler et même de faire toucher au doigt le fort et le faible de nos procédés. Par un phénomène que de plus savants expliqueront mieux que nous, et qu'il suffirait de constater, nos clichés n'acquièrent en dimension, c'est-à-dire *n'embrassent une plus vaste scène*, qu'au prix de leurs qualités essentielles. Le défaut capital de nos instruments, qui consiste à ne pouvoir toujours concentrer et fixer avec vérité la lumière natu-

relle, ou la distribuer artistiquement au gré d'un œil sagace,
comme le fait un coloriste devant sa toile, ce défaut, déjà considérable dans un petit cadre et pour une scène restreinte,
prend les proportions d'un vice radical aussitôt que le champ
de la perspective s'étend. Les petits artifices réparateurs, ces
accidents heureux de *palette*, que la Photographie présente
aussi quelquefois, ne sont plus possibles ; c'est la monotonie,
la banalité d'effet qu'il faut affronter, sans bottes secrètes et
réservées. Un autre danger s'y joint : l'effacement des distances
entre les plans, nouvelle imperfection de nos meilleurs objectifs, et dont la portée se décuple aussi dès que ces plans se
multiplient en profondeur ou s'étendent sur les lignes laté-
rales. A ceux qui nous taxeraient de paradoxe, et croiraient
que la lumière, étant notre force et notre moyen même, doit
nous transmettre ses contrastes avec docilité sur un panneau
comme sur un médaillon, nous répondrons que cette coquette
connaît le prix de ses faveurs et ne nous les distribue qu'avec
parcimonie ; qu'elle fait ses conditions, et que nous sommes
loin d'en être encore à ce point qu'elle n'ait plus rien à nous
refuser. Ainsi, qu'on veuille bien y réfléchir avant de contester
ce qui suit :

1°. Nous n'avons des rayons lumineux que leurs effets
blancs ou noirs.

2°. Toutes les valeurs qu'ils empruntent aux diverses dispositions de molécules qui produisent les couleurs nous font
défaut.

3°. Les corps agissant sur nos substances, non pas seulement en raison de l'intensité de lumière qu'ils reçoivent,
mais surtout en raison de leur couleur propre, il en résulte
parfois que les moins éclairés deviennent les plus clairs dans
nos images.

4°. Au rebours de ce que perçoit notre œil, ce sont les lumières les plus lointaines qui se portent le plus tôt et le plus
vivement sur nos couches sensibles.

5°. Enfin, pendant la durée de pose absolument nécessaire
pour obtenir une grande épreuve, même avec les procédés les
plus rapides, le soleil marche, et, par cette marche même,
étale et noie ses effets, qui, chez nous, ne se succèdent pas en
se détruisant comme dans la nature, mais se prélassent les uns
à côté des autres, et s'abâtardissent dans cette promiscuité.

De là des ombres portées veules et comme une blémie lymphatique.

S'il y a des nuages, autre écueil.

Selon qu'ils courront plus ou moins vite et s'interposeront entre le soleil et tels ou tels objets, le coup de lumière se portera, plus ou moins vite, alternativement, sur telle ou telle partie du tableau, et l'empreinte, inévitablement laissée chaque fois, portera dans nos clichés une confusion d'éclairage, un brouillis de *valeurs* incompatibles avec l'expression fidèle d'un moment donné de la nature même.

Nous en passons et des meilleurs. Mais n'en voilà-t-il pas assez pour expliquer comme quoi la reproduction de grands espaces avec de puissants effets d'art équivaut, pour le photographe, à la pierre philosophale.

Osons donc nous résumer dans un conseil : Ne faites pas avec la nature comme la grenouille avec le bœuf. *La chétive pécore...*; on sait le reste. Vous qui n'êtes rien moins que pécore et chétif, gardez, par une ambition louable d'ailleurs, de trop *enfler* vos pipeaux. Les airs qu'ils modulent sont adorables et la paille en est superbe, c'est vrai, mais enfin c'est de la paille ! et si vous y soufflez une fanfare à pleins poumons, vous pourriez bien les faire éclater.

La vue panoramique des *Cimes du Mont-Blanc*, par M. Martens, en quatorze épreuves réunies, n'est pas une photographie, mais une sorte de plan géologique, un travail de géographe ou d'ingénieur, en même temps qu'un beau dessin pittoresque. Cette grande page alpestre n'a qu'un dessous daguerrien, un trait, une carcasse donnée par la chambre noire, et qu'une main patiente a revêtue de chair et de peau, sous les espèces de l'encre chinoise. L'auteur nous en avertit. Au reste, c'est net, précis, exact, selon toutes apparences. Voilà le Mont-Blanc représenté par un fidèle mandataire : c'est dans ces limites que l'élément héliographique doit, selon nous, contribuer aux travaux entrepris sur une grande échelle. Il y rendra des services réels et ne compromettra pas son pouvoir. Telle doit avoir été sans aucun doute l'intention de M. Martens ; il aura voulu montrer par ce travail quel utile secours la photographie peut prêter aux arts. Il y a pleinement réussi, et certes au prix de dangers et d'obstacles dignes de son courage.

Le photographe au long cours est préservé des tentations

géantes par l'impossibilité matérielle d'y succomber ; quand on travaille au pied levé, n'ayez crainte qu'on n'emporte une caisse à double fin, mi-partie chambre noire et chambre à coucher.

M. Piot est de ceux-là ; ses titres à lui sont dans les dimensions..... du voyage entrepris. Venise, Pestum, Segeste, Agrigente, étaient sur sa route pour arriver en Grèce, devant les Propylées, l'Acropole et le Pandroséion.

Il nous en a rapporté comme un catalogue illustré de ces temples si vantés, mais quelque peu froids et raides au goût de certains humoristes. Quoi qu'il en soit, c'est une vraie bombance pour les disciples de MM. Fontaine et Percier, une orgie de chapiteaux, de frontons et de colonnes à griser tous les amants de la forme cylindrique et triangulaire. Or, pour n'être pas de ceux-là, nous n'en comprenons pas moins leur gratitude envers le courageux voyageur qui les entretient, au retour, des objets de leur culte. [D'ailleurs, M. Piot, en servant les passions des archéologues philhellènes, est sûr d'avoir la majorité pour lui, ce qui fait toujours plaisir, quoique n'ayant jamais prouvé grand'chose. Quel dommage, pourtant, qu'il nous manque ici de la place d'abord, et surtout le droit d'ennuyer nos lecteurs ! La belle occasion de passe d'armes avec couleurs françaises sur la lance et l'écusson ! Quand se guérira-t-on de cette *contre-nostalgie*, qui fait négliger des trésors de beautés nationales pour aller se prosterner quand même en face des ruines étrangères ? De cette manie qui transforme en admirations linéaires des extases enfantées par le ciel bleu, l'horizon empourpré, les héroïques souvenirs, l'enseignement du vieillard et le préjugé de l'enfant ?

Nous ne voudrions pas dire sérieusement :

Qui nous délivrera des Grecs et des Romains !

Mais au moins : *S'il faut de la Grèce, pas trop n'en faut !*

Encore si l'on s'était contenté d'y ramasser des modèles souvent pernicieux pour les écoliers. Mais hélas ! *on en a mis partout.* Qui nous a donné les absurdes pâtés de la Bourse et de la Madeleine, si ce n'est une indigestion grecque ? A quelle école devons-nous *l'antipalais* d'Orsay, la lourde masse du Panthéon ? A qui s'en prendre quand on voit des portiques de marchés aux veaux, sous le nom d'Arcades-Rivoli, déshonorer par leur voisinage et la coquette mignardise du Palais-Cardinal, et la majesté du nouveau Louvre, et la tournure seigneuriale de la place Vendôme?

Enfin, si quelque gnome funeste enterra vifs les chefs-d'œuvre de Philibert Delorme et de Pierre Lescot entre des rapsodies vulgaires, n'est-ce pas le produit d'un cauchemar athénien, éclos au gros soleil sur les degrés du Parthénon?

Ah! le cruel fléau que ces acheveurs parasites, gamins de l'art et touche-à-tout destructeurs! Par quelle fatalité, bravant la pudeur et la police, ont-ils toujours pu faire impunément, sur ce qu'il y a de plus beau, des... choses malpropres qu'un tremblement de terre pourra seul effacer? Au reste, il y a des réactifs sûrs pour reconnaître ces gens-là. Faites-leur présent d'un oiseau de paradis, vous êtes sûr que sous huitaine ils essayeront de lui faire pousser des plumes d'oie, et si vous mettez la Vénus de Milo dans leur cabinet, ils couperont la tête pour y substituer amoureusement le profil de Mme Gibou.

Hélas! en contemplant les ravages de leur incapacité, n'est-il pas douloureux de penser combien de monuments ou de morceaux exquis ont péri chez nous depuis un siècle, comme histoire de rire pour la populace, ou par le vandalisme bourgeois, sans que pour beaucoup il en existe trace ailleurs que dans les vieux récits. C'est là ce qu'il fallait sauver, sinon de la hache, par la force, au moins de l'oubli, par le crayon et les pinceaux! C'est encore là ce qu'il faut soustraire, pour ce qui nous en reste, aux révolutions de l'avenir.

Mais comme il est à craindre que la méprise ne dure, espérons que les Grecs prendront le goût des voyages. Sans doute alors, à leur tour, ils s'aviseront de venir en France, et de recueillir pour les académiciens d'Athènes ou pour messieurs les amateurs du Pirée, quelques beaux exemples d'architecture qu'on rencontre encore deci delà dans notre pauvre pays.

Que M. Piot nous pardonne cette incartade et n'y voie pas une personnalité; car nous l'associons d'ailleurs très-sincèrement à tous ces confrères pèlerins dont on ne saurait trop louer le zèle infatigable. Certes, on n'a pas encore épuisé la Grèce photographique; il s'en faut. Ce sera du moins une Grèce ressemblante. M. Piot et ses devanciers ou successeurs nous garantiront peut-être des plagiats mal digérés, et par là se feront des titres incontestés à la reconnaissance de tous les partis.

Les négatifs de M. Piot doivent être fort beaux, on nous l'a dit, et nous le croyons, car il n'est rien qui n'y paraisse; mais le système adopté par lui pour le tirage des positifs est à notre avis déplorable, et ne s'est jamais distingué, si ce n'est dans les reproductions proprement dites, que par des défectuosités graves et nombreuses. Dureté, sécheresse, absence de demi-teintes et de finesses vaporeuses, quelque chose de brutal et de lithochromique. L'exposition anglaise en fournit de frappants et tristes exemples. Les épreuves, dit-on, sont plus durables! C'est au moins une question. En tous cas, on comprend qu'une fois faites, elles n'aient plus à passer; car elles sont passées de naissance. Que M. Piot fasse ou laisse faire une belle épreuve au chlorure d'argent avec un de ses remarquables clichés, et qu'il compare! Nous ne voulons pas d'autre juge.

Si l'on n'était déjà plein d'une fervente religion pour les beaux types de l'architecture française, M. Fortier vous convertirait, sans autre peine que de montrer les excellentes épreuves qu'ils lui ont donné l'occasion de produire; excellentes est même faible pour exprimer et la valeur de ses œuvres et la haute opinion de tous ses confrères. Mais à mesure que nous rendons ces justes hommages à nos maîtres, le vocabulaire s'épuise, et nous sommes inquiet de savoir ce qui nous restera bientôt de formules disponibles.

Tous les monuments reproduits par M. Fortier le sont à leur honneur et gloire, y compris ces horribles surtout de restaurateur, ces éclaboussoirs qui, sous prétexte de fontaines, incommodent la place Louis XV, et que la voracité propre au photographe à jeun nous fait excuser celui-ci d'avoir avalés en passant; en revanche, il en est un dont il semble avoir inventé la façade, tant elle a pris dans ses mains un ravissant aspect et supérieur à ce que la réalité même offre à nos yeux. La *Galerie-portail de Saint-Germain l'Auxerrois* est bien, en supposant toutes conditions égales d'importance et de difficultés, un des plus beaux fleurons de notre couronne. Il faudrait passer en revue toutes les qualités possibles ou plutôt impossibles d'une œuvre d'art, pour analyser dignement ce type si capital de la perfection photographique. C'est un bijou que doivent envier MM. Bisson eux-mêmes et les plus fins artistes anglais. Le tout jette une lueur qui brave la modicité du logement obscur où les caprices du classement ont relégué M. Fortier. On l'aura voulu traiter comme une violette, sachant son aimable modestie. Mais c'est une violette comme on n'en voit guère, et vous aurez beau l'enfouir sous l'herbe épaisse, elle y brillera comme un ver luisant.

Le contingent architectural de M. Lesecq lui donne un rang, dans cette catégorie, non moins élevé que dans le paysage; il participe à toutes les qualités du genre, et même il nous a semblé s'y distinguer par un certain caractère de fermeté, par un aspect grave et comme ascétique, on ne peut mieux approprié aux sombres fragments d'églises, à ces vieux saints de pierre alignés aux flancs des nefs et sous les voussures des portails. Il y a dans toutes ces épreuves une intention de sérieux et d'étude, un point de vue d'artiste, auxquels répond une exécution supérieure et d'un relief surtout très-remarquable. Nous avons rarement vu quelque chose d'aussi complet et d'aussi maître que la *Porte rouge de Notre-Dame de Paris*.

La belle cathédrale de Caen est représentée par quatre épreuves de M. Bacot; ce sont des fragments choisis parmi les plus riches détails de sa toilette gothique, et nous n'aurions que des compliments à faire à l'auteur pour le discernement et le goût dont il a fait preuve, si les positifs n'étaient pas déjà gravement compromis, maculés de parties agonisantes et d'un ton si nuisible à leur succès.

Le nom de M. Legray, par lequel nous voulions clore dignement l'appréciation de la photographie monumentale, est de ceux qu'on ne saurait prononcer en pareille matière sans y joindre le tribut d'éloges commandé par tant de célèbres travaux. Mais nous avons, pour lui consacrer une place exceptionnelle, des motifs tout particuliers, d'un grand intérêt pour lui-même et d'une gravité réelle pour l'art aux progrès duquel il a si brillamment contribué. L'injustice qui frappe le talent incontesté, rehaussé par de grands services rendus, devient un malheur général : c'est presque une honte; mais assurément c'est une douleur ainsi qu'une menace, et tous les confrères, émules, rivaux ou disciples, doivent y opposer la solidarité de leurs protestations.

M. Legray peut revendiquer une part de lion dans les succès

et la renommée de la plupart des photographes, et surtout des voyageurs. Sa méthode sur papier ciré, si précieuse par l'ensemble et la diversité de ses avantages, n'a pas encore été dépassée. Tous les jours elle reçoit des perfectionnements de matériel, et surtout de bagages, qui déjà nous font regarder nos embarras d'hier comme un legs de la barbarie primitive. Enfin, on obtient par ce procédé des résultats qui conservent la préférence marquée des artistes. C'est encore M. Legray qui le premier a, sinon appliqué d'une manière suivie, du moins et sans conteste révélé toutes les ressources du collodion.

Sera-t-il donc réduit à se répéter philosophiquement le vers du poète :

Sic vos non vobis mella pascitis apes ?

On pourrait croire qu'il s'est fait autour de son nom, dans ces derniers temps, une conspiration du silence. La critique officielle et jurée, comme la critique *in partibus*, a souvent exalté, même ses élèves, en laissant le maître dans l'ombre ; et nous voici bien obligé de le confesser humblement :

Quorum pars magna fui.

Magna par la faute, cela s'entend !

Aussi convient-il bien de se justifier un peu, nous et d'autres en même temps, et de montrer à M. Legray qu'il redouterait à tort un ostracisme impossible.

Il est arrivé qu'insoucieux de preuves nouvelles dont il se croyait dispensé, négligeant, non sans quelque imprudence, un luxe extra de parure, M. Legray s'est surtout préoccupé d'exposer la série de ses titres, soit à la priorité, soit à l'application très-ancienne et très-réussie de plusieurs méthodes qui font rage en ce moment. Il a pensé qu'il était fort à propos d'en agir ainsi pour une exposition de l'industrie, c'est-à-dire dans un concours où le jugement devait porter avant tout sur la priorité des procédés et sur leur perfectionnement. Mais n'était-il pas dangereux de ne laisser même deviner cette intention par aucun indice et de n'en informer pas un de ses collègues les plus intimes ?

Qu'en est-il advenu ? c'est qu'en voyant son absence personnelle, en combinant cette absence avec le désordre et la

tenue par trop *robe de chambre* de ses cadres, et même,
ayons le courage de le lui dire, avec l'infériorité relative de
quelques-uns, on a considéré cet acte de présence à l'appel,
par M. Legray, comme fait provisoirement et pour mémoire;
on a traité de bonne foi ses envois, comme le gant déposé sur
une stalle au théâtre.

Cette explication, donnée généralement et reçue de même,
a prévalu. De là, sans doute, l'apparent oubli de quelques-uns;
de là, nous en sommes sûr, notre silence à nous-même,
silence toutefois dont nous étions prêt à sortir, si bien que
nous allons signaler la belle épreuve du *bas-relief du Départ*,
d'après Rude, à la place même qui l'attendait.

Cette épreuve, exécutée *négative* sur papier ciré, en 1852,
tirée *positive* à la fin de 1853, est la plus grande, à notre connaissance $\left(\frac{40}{50}\right)$, qui se soit faite vers cette époque en une seule
pièce. La date en est authentique et notoire. Ses qualités d'art
et de métier sont de premier ordre, et certes elle peut rivaliser
de finesse avec l'épreuve du *Calvaire*, de M. Bilordeaux, l'un
des élèves de M. Legray, laquelle, venue deux ans plus tard,
obtint un si grand retentissement, d'ailleurs de tous points
légitime, et dont il y a peu d'exemples.

Disons en passant que ce positif, par sa date et sa qualité
de ton, fournit un argument péremptoire en faveur de la fixité
des épreuves bien traitées.

Nous nous ferons honneur, en temps et lieu, de nous dé-
couvrir devant les autres œuvres de M. Legray. (La *Vue colos-
sale du pont d'Agen*, son dernier ouvrage, dont l'apparition
aux Champs-Elysées est, dit-on, prochaine, nous obligera de
revenir sur nos pas.) Quant à celles exposées déjà, nous n'en
avons guère omis qu'une seule à son heure : c'est un coin de
la *Futaie du Bas-Bréau*, fait également en 1852, sur papier ciré.
Encore un des premiers essais tentés en forêt et réussis dans les
conditions les plus défavorables, c'est-à-dire entièrement sous
bois et dans l'ombre.

On ne s'apercevra que trop combien nous nous sommes
laissé entraîner jusqu'ici dans des échappées à côté du sujet.
Aussi le temps et les numéros de ce Bulletin ont-ils distancé
notre besogne. Entre autres devoirs sérieux inaccomplis, il
nous reste à consacrer au portrait la place et l'attention qu'il
comporte. Et cependant la politesse et l'admiration se réu-

nissent pour nous donner impatience d'arriver à nos confrères
et hôtes étrangers, notamment aux paysagistes anglais.

Nous comptons bien ne pas atteindre la fin du prochain article sans apercevoir la confortable fumée de leurs chaumières,
et sans commencer à sentir les parfums de cette flore sauvage
qui semble vouloir fêter la bienvenue de l'artiste et du rêveur
aux approches de leurs poétiques abbayes.

§ V.

PORTRAITS. — REPRODUCTION. — GENRE. — PLAQUE.

Septembre 1855.

Il y a quelque cent ans que par tous pays, et même les plus
réchauffés au souffle de l'art, un portrait de famille était un
grand luxe, une fantaisie princière que la noblesse de robe ou
d'épée, la haute bourgeoisie trafiquante pouvaient seules se
passer. Dans les plus riches maisons d'Amsterdam, d'Anvers
et de Harlem, Rembrandt, Vandyck ou Vanderhelst appen-
daient aux lambris les magistrales figures des bourgmestres ou
de ces potentats qui, de par le florin, régnaient sur les Indes ;
ces toiles respectées se transmettant de père en fils, attestent
encore aujourd'hui le génie des maitres et l'orgueil que donnait une si rare distinction à des familles privilégiées. A Venise, c'étaient Giorgion et le Titien ; à Florence, Léonard et
le Bronzino ; Raphaël et Jules Romain à Rome, dont le pin-
ceau daignait retracer les traits des doges ou de leurs inquié-
tants conseillers, des Médicis et des Salviati, et prenait pour
modèles ordinaires les papes et les cardinaux. A peine quelques
princes tout court, comme il en foisonne en ces endroits, ou
quelques traitants dorés sur tranche par le commerce oriental,
obtenaient-ils que ces grandes palettes dérogeassent au point
de se charger pour eux. Quel chemin a parcouru l'art, et
comme il s'est fait peuple depuis cet âge d'or de son existence !

Aujourd'hui, c'est tout au plus si l'on peut regarder comme
une prétention exceptionnelle la manie des galeries de portraits, tant il en fourmille aux pans des plus chétives murailles. Prendrons-nous le fait pour une marche en avant ou
pour un mouvement rétrograde ? Si chacun maintenant peut
se procurer des ancêtres ou poser comme ancêtre lui-même à
si bon marché ; si tout portier veut et peut avoir autour de lui

son intéressante race en peinture, ou laisser à ses neveux l'image de ses propres vertus avec celle du *cordon* de son ordre, faut-il en rire ou s'en affliger comme artiste? Est-ce un bien? est-ce un mal? Petite question suivie d'une plus grande.

Le goût du public, en matière de beaux-arts, a-t-il fait des progrès, ou s'est-il, au contraire, affaibli depuis les temps héroïques de la peinture? La faculté de juger sainement, en un mot la science du *bon et du mauvais*, cette précieuse clef du paradis artistique, a-t-elle pénétré plus avant dans les masses, ou n'est-elle pas demeurée le sceau de plus en plus caractéristique des organisations prédisposées, et pour d'autres, n'est-ce pas toujours une conquête à faire au prix d'une longue et pénible éducation? Indiquons seulement ici quelques-uns des motifs de nos défiances à l'endroit des contemporains.

Vulgariser les beaux-arts, ce n'est étendre leur empire que dans un sens très-restreint, et ce n'est pas du tout favoriser leur essor continu vers le beau.

Comme d'un vaccin précieux et dont la production est restreinte, il semble qu'on n'en puisse inoculer l'instinct à tout le monde, qu'en faisant la part de chacun très-petite.

Lorsque le premier venu se fait Aristarque, Homère est bien malade; la masse des jugements faux trouble les jugements éclairés, et les conduirait presque à douter d'eux-mêmes. Si le jugement d'ensemble n'en est pas absolument perverti, tout au moins est-il affaibli dans sa puissance comme dans sa qualité.

Que si cette opinion, sous forme de principe général, revêt quelque chose d'arbitraire, on l'acceptera plus volontiers après avoir cherché d'où naît, au profit de tous, ce droit banal d'appréciation, et sur quels types il s'exerce.

Quelqu'un croit-il, par hasard, que la généralité des goûts se forme sur la vue des chefs-d'œuvre ou même seulement des bons ouvrages? Ce serait s'abuser étrangement. La multiplicité des reproductions n'a rendu, sous ce rapport, aucun service qui ne fût amplement et très-fâcheusement compensé. Parties de la haute gravure, elles s'égarent jusqu'à l'enluminage, ou bien s'élancent du bronze et du marbre pour s'aller perdre dans le zinc et dans le caoutchouc. Aussi les yeux du plus grand nombre ne s'exercent-ils à voir que *sur le laid*.

Comptez combien, dans les grandes villes, font de rares

visites aux Musées pour y chercher un enseignement et les guides les plus sûrs.

Entrez dans les salons et voyez combien peu d'objets seulement tolérables s'étalent sur les murs ou se dressent aux étagères.

Que sera-ce dans la petite ville, dans le village et dans la chaumière !

Partout avec la civilisation même pénètre cette lèpre des arts, cette infaillible décadence qu'on nomme le *bon marché !*

A côté de toute conquête artistique surgit une application industrielle économique, et de là ces monstrueux accouplements d'art et de commerce, dont la fécondité déplorable infeste notre époque.

Le burin qu'illustrait Marc-Antoine a conduit aux images de saints dans les livres d'heures.

La pierre de Senefelder nous a dotés de ces figures de *Belles Marseillaises* et de *Baigneuses* plus ou moins *surprises* qui font rêver les écoliers en promenade. Les nobles outils de Benvenuto sont passés aux mains des quincailliers, et nous devons au premier qui coula le bronze ou tailla le marbre, mainte odieuse et ridicule mascarade qui désole nos places publiques.

C'est cependant avec ces rebuts, avec ces épluchures des grands arts que sont entretenues depuis soixante ans les notions artistiques de la foule.

Quels encouragements, quelle critique et quel niveau de goût peut-il sortir de cette éducation ?

Si la diffusion et, par suite, la dégénérescence des œuvres d'art, sous toutes les formes, ont fait de la masse du public qui les juge quelque chose comme le M. Jourdain voulant parler turc, par un phénomène inverse, par une sorte de *choc en retour*, la perversion du goût commun devait amener la perversion du talent créateur. Autrefois rien d'analogue au barbouilleur de nos jours ne pouvait exister. Les luttes, les comparaisons s'établissaient entre le Veronèse et le Tintoret, entre le Giorgion et le Vinci, Dominiquin et le Guide ; ici la république de Venise nommait le Titien son premier peintre ; là Raphaël trouvait au Vatican un sanctuaire pour ses divins ouvrages. A d'autres s'ouvraient les portes des palais et des basiliques, et la main qui traçait les gigantesques lignes de la coupole de Saint-Pierre se délassait en peignant la grande voûte de la chapelle Sixtine.

Mais qu'eût fait au milieu de ces apothéoses du vrai génie tel coryphée de nos jours ? Où trouver alors assez d'ignorance pour abriter tant de médiocrités? Il semble qu'en ces temps de triomphes et de misères, de grandes vertus et de grands crimes, d'héroïsmes et de voluptés, où l'éclat du costume et la splendeur du logis répondaient aux fiévreuses et poignantes émotions de l'âme, les yeux fussent trempés comme les cœurs; il semble que tout prince, tout seigneur et tout prélat fût de naissance un Mécène, et que les sombres drames qui composaient l'existence de ces hommes armassent tous leurs sens d'un instinct répulsif pour l'art médiocre, plat et mesquin.

Alors aussi, génie suprême de maître ou talent relatif d'imitateur et d'élève, il fallait l'un ou l'autre; on était exclu du temple de l'art par défaut d'aptitude, comme nos conscrits le sont des rangs de l'armée par défaut de taille, c'est-à-dire irrémissiblement. De même que la France n'a pas de trop petits soldats, l'Italie n'avait pas de trop mauvais peintres; l'état social de ce temps les forçait d'avorter.

Parmi nous, au contraire, victimes ou complices, quel est le peinturlureur assez maladroit pour ne pas trouver un débouché? Quelle est la fière capitale où le sentiment de l'art ait assez de force pour que le plus désespéré des peintres à la minute n'y trouve un amateur à sa taille? Il y a dans notre Babel artistique des Vaticans par centaines à la mesure de nos modernes Raphaëls; une foule de Saint-Pierre au petit pied sollicitent les grotesques inventions d'une légion de Michel-Anges. Partout, depuis le palais constitutionnel jusqu'à l'hôtel garni, chacun, avec du savoir-faire et sans mérite, rencontre une proie facile et sûre dans la vanité, l'ignorance ou la parcimonie. Pas de croûte si moisie qu'un rat ne se présente pour y mordre.

Ainsi donc, plus de limites, plus de visas, plus d'obstacles à l'entrée des carrières de l'art proprement ou malproprement dit; partant plus de bornes à l'envahissement des médiocrités, et pour dernier terme de cet échange d'influences délétères entre l'acheteur et l'acheté, corruption du goût public générale et profonde.

Il faut bien reconnaître cependant que les grands et vrais intérêts de l'art ne peuvent tout dominer; qu'on ne les fera jamais comprendre de tout le monde : que l'art comporte d'ailleurs, dans ses relations matérielles avec les sociétés, certaines conditions de superflu, inaccessibles aux masses, et que ceux-là mêmes dont les jouissances et les admirations sont des contre-sens ou des pis-aller, pour égarés et malheureux qu'ils nous paraissent, n'en ont pas moins droit à la satisfaction de leurs goûts. Autrement, toutes les fois que l'art trouve une forme et surtout une facilité d'expansion, il faudrait souhaiter qu'une sorte d'aréopage fût institué pour veiller à la distribution de cette précieuse manne, et pour en écarter les profanes, pillards et gloutons. Mais, puisqu'il n'en sera jamais ainsi, chaque révélation nouvelle apportera de nouveaux dangers et, comme le cheval de Troie, cachera l'ennemi dans ses flancs. C'est par excellence à propos de ces progrès à deux tranchants qu'il faut se méfier de ce que M. Prudhomme appellerait le serpent caché sous les fleurs; nous voulons faire la chasse au serpent.

Ne vous pressez pas, en effet, de voir dans tout ce qui précède une pure divagation. Nous avons eu l'intention très-arrêtée d'en faire au portrait photographique une application de la plus triste, mais de la plus rigoureuse justesse.

Notre confrérie de photographes est une république dans laquelle un *caveant consules* devrait être quotidiennement édicté par le sénat. Quelque sincère enthousiaste que nous soyons des beaux et consciencieux produits de notre art, quelque hosannah que nous ayons chanté jusqu'ici pour sa gloire, il faut avoir le courage d'avouer que rien ne saurait plus compromettre et reculer le sens artistique du vulgaire que la majorité des faits et gestes photographiques, à l'heure où nous sommes, en ce qui touche le portrait. Nous n'aurons garde de revenir, pour preuve, sur le sujet épuisé du badigeonnage.

Paulo majora canamus!

Le mal est plus haut et plus grave : nous croyons avoir le droit de le signaler en termes généraux, au nom, c'est-à-dire, dans les annales d'une Société qui proclamait naguère son but élevé, ses tendances désintéressées de tous calculs pécuniaires, et sa volonté de pousser l'art nouveau dans les sentiers du véritable progrès. S'il nous est permis de présenter un seul instant au lecteur notre individualité très-humble, nous dirons n'avoir contribué pour notre faible part à fonder cette Société qu'avec une préoccupation artistique exclusive ; et si quelque ombrageux amour-propre, quelque intérêt dissimulé devaient, en nous empêchant de dire sur la question notre pensée tout entière, nous ôter l'espoir de faire avancer la roue du char d'un seul pas, non-seulement nous déclinerions ici la tâche du critique, mais il nous resterait à comprendre le but et la portée d'une œuvre qui déserterait l'art après avoir écarté l'industrie. Un seul mot encore, après lequel nous rentrons dans la coulisse ; ce mot est nécessaire pour conjurer un ridicule qui ne serait pas mérité.

Le signataire de ces lignes fait lui-même des portraits ; à peu ne tient qu'il ne lui faille en vendre. Mais au moins les expose-t-il, imprudemment sans doute, en compagnie de ses amis et confrères. Ce que valent ses essais, il doit l'ignorer ; les artistes, les amateurs de tous rangs et de tous états pourraient seuls le lui dire. Mais qu'ils soient bons ou mauvais, peu nous importe. Ce qu'il est essentiel de poser, c'est qu'en discutant la matière, en se risquant juge et conseiller, le photographe, écrivain de contrebande, entend fermement résumer ce qu'il voudrait faire, et non pas ce qu'il fait.

Sur ce, nous continuons.

Aujourd'hui pour maints photographes, comme autrefois pour la plupart des peintres secondaires, le but principal n'est pas de faire un bon portrait, mais d'en faire et d'en vendre beaucoup. Ce but est licite industriellement ; mais il se poursuit par des voies funestes à la prédominance du beau dans les arts. Or le photographe étant au peintre du temps passé dans la proportion de 10 contre 1, la mauvaise influence croît en même raison.

D'un autre côté, parmi ceux qui, soit lésinerie, soit manque de ressources ou de goût, confiaient naguère leurs augustes traits aux soins des confectionneurs à prix fixe, beaucoup avaient la bonne foi de reconnaître qu'ils rapportaient une galette au logis. On se rattrapait sur cette sorte de ressemblance qui est à la peinture ce que l'orthographe est au style. Si l'on avait la naïveté d'en douter, ou l'orgueil d'en disconvenir, au moins était-on assez embarrassé de faire prendre, même aux badauds, la vessie pour une lanterne ; tandis que désormais, pour le gros du public, c'est l'inverse. La ressemblance est fort contestée, surtout par les *dames* ;

en revanche, au point de vue de la qualité, qui dit *photographe*
dit *infaillible!* On vous présente fièrement à tous coins de
salon des découpures horripilantes, des trompe-l'œil collés
sur un fond de papier suie, dont le dessin raide et le modelé
cadavéreux semblent obtenus avec des crayons pétris de cendre
et de pommade. Mais cela sort des ateliers de M. ***. Il a fait
poser des têtes couronnées; de plus, c'est de la photographie
dite pure, immaculée de tout contact d'artiste (on le voit de
reste!) : donc c'est beau! Le père fait gros dos, la mère s'épa-
nouit, la fille si bien accommodée rougit de bonheur, et tous
ensemble croient fermement qu'à côté de ce morceau Vandyck n'était qu'un très-petit garçon.

Que sera-ce tout à l'heure quand les sociétés d'art en com-
mandite distribueront à leurs actionnaires les premiers divi-
dendes prélevés sur ce béotisme: argument suprême, car il est
plat, rond, brillant, et porte un millésime.

La belle chose que le talent mis en actions; et de quels
sublimes éclairs la prime et le coupon vont illuminer l'art
nouveau dont la cote officielle célébrera le succès! N'êtes-vous
pas ému d'avance par ces touchants mariages de la hausse et
du modelé, de l'escompte et du clair-obscur, des profits et
pertes et de la gloire? et n'est-on pas heureux de se dire que,
pour arriver droit au plus grand artiste, on n'aura qu'à se ren-
seigner chez un agent de change?

Au temps où l'on était le seul artisan de son œuvre, avec
la tête et les mains, il semblait logique de croire qu'une longue expérience, que des preuves bien faites sont une condition
préalable à l'exercice d'un professorat, à la fondation d'une
école. Aujourd'hui, parce que l'atelier commence par une cui-
sine, le premier venu croit s'approprier aussi vite les plus
profonds secrets du génie que les formules précises du laboratoire, et n'hésite pas à se poser en maître ès arts aussitôt
qu'il est sûr de développer un négatif sans taches.

Est-ce un phénomène qui se produit? non; c'est tout simplement le travers commun qui fait ici des siennes : par une
fâcheuse anomalie, les questions d'art excluent la modestie,
si ce n'est le bon sens. Chacun reconnaît que pour calculer le
retour d'une comète, faire de l'économie politique ou jouer
de la flûte, il est utile de prendre quelques leçons; on admet-
tra même volontiers qu'un apprentissage est de rigueur pour

bien empléter des cotonnades ou classer des sucres bruts ; mais, en face d'un objet d'art, adieu tout noviciat et vive la science infuse ! On ne jure plus que par Jacotot.

C'est ainsi que le moindre de nos opuscules renferme un chapitre spécial de haute esthétique, où les écoliers crédules recueillent les plus étranges doctrines. On y donne la recette pour faire un beau portrait, comme ailleurs pour une gibelotte. Tournez les yeux par-ci, le menton par-là ; faites que la lumière projetée méthodiquement orne d'un luisant l'os frontal, la pommette et le bout du nez. C'est comme à l'exercice. On décompose l'ouvrage en trois temps et quatre mouvements.

A ces enseignements de la parole viennent se joindre ceux de l'exemple, et vous voyez bientôt surgir les plus bizarres spécimens. Ici le genou formant équerre avec le buste vous donne la joie de reconnaître un homme rien qu'aux plis du pantalon. Là sur des *ottomanes* à coussins dodus, couvertes d'étoffes bariolées, les personnages semblent attendre la consultation du docteur ou la pince du dentiste. Ailleurs un rideau formidable, à plis de carton bien cassés, pendu probablement en guise de lustre au milieu du plafond, vous tire l'œil si fort et de si près, qu'on est embarrassé de savoir si le confrère a voulu faire le portrait d'un visage ou celui d'un rideau. On vous pousse à produire des images *écrites* en *belle ronde* partout, depuis le pied du fauteuil jusqu'au plafond.

Cet autre a soin d'exiger un tel déploiement de crinolines et de jupes éclatantes, qu'il semble voir un étalage de la compagnie Lyonnaise, et que MM. les artistes du *Journal des Modes* crient à la contrefaçon.

Tous, ou peu s'en faut, s'accordent pour lutter de dissection microscopique et d'inquisition dans le détail, ignorant, hélas ! qu'une juste mesure de vague dans la forme est *la mélodie* de la peinture.

Tout cela est triste. Il semble que certaines gens prennent à tâche de faire maudire la photographie par tous ceux qui portent sous l'arcade sourcillère une prunelle fine et délicate.

Il serait bien temps que les amateurs, que les artistes convaincus, enthousiastes, réunissent leurs efforts pour opposer un brise-lame à ce mauvais courant. C'est ce qu'une Société comme la nôtre aurait charge de faire au prix de quelques froissements ; l'entreprise est honorable, et le mal, de nature gangréneuse, appelle un opérateur résolu.

En attendant, et bien qu'on puisse trouver de fort habiles praticiens qui soient en même temps hommes de goût, nous conseillerons en général à nos camarades futurs de réserver leur sentiment d'art, quand ils se feront initier aux procédés. Qu'ils écoutent, lisent ou regardent les professeurs de manipulations ; mais qu'ils acceptent le reste sous bénéfice d'inventaire, et cherchent les théories et les exemples de haut style, aux sources qui de tout temps ont fécondé cette région.

Qu'ils sachent bien qu'on ne respire pas nécessairement les effluves du génie dans les vapeurs de l'éther, et qu'on peut être de première force sur les mélanges et les tours de main, sans savoir trouver son chemin dans un musée.

Enfin, qu'ils regardent par exemple si Vandyck et Velasquez se faisaient une ligne d'horizon avec des jambes, s'ils considéraient leurs modèles comme un accessoire du velours d'Utrecht, et si leurs plus éclatantes figures semblent un plan cadastral dressé par les statisticiens de la ride et de la tache de rousseur !

Parmi les photographes adonnés aux portraits, la prééminence nous semble appartenir de haute lutte à M. Tournachon (Adrien). Il est bien évident que la photographie pour cet artiste est un moyen, rien de plus. Le caractère, l'effet, la couleur, l'art en un mot, le préoccupent exclusivement, ce qui n'empêche pas, Dieu merci ! que le procédé ne soit appliqué de la façon la plus habile avec la plus parfaite réussite.

Tous les partisans du faire large et ferme, des lumières hardies, des contrastes accentués dans une savante harmonie, se complaisent devant cette œuvre, et reconnaissent dans son auteur un frère de goût et d'instinct.

Les huit pierrots ouvrent la marche ; ce sont des charges très-fines qui ne laissent pas d'être importantes et de mériter une étude attentive par le côté sérieux de l'exécution. Jamais les procédés de pose au soleil n'ont été plus heureusement employés.

Dans les portraits nous avons surtout à signaler celui d'une petite fille, d'une femme en robe garnie de fourrures et d'un personnage dont les doigts s'accrochent aux boutons d'un gilet à carreaux ; les demi-teintes en sont superbes.

Espérons que M. A. Tournachon pourra soutenir une gageure, que plusieurs, d'abord entrés dans cette route, ont perdue ; celle de trouver assez d'aliments de travail pour suffire aux plus modestes exigences, tout en restant par ses qualités dans la grande famille de l'art.

On sait que M. Legray ne fait pas du portrait son occupation principale, ce qui ne l'empêche pas d'y exceller à l'occasion. Celui de Clesinger, n'étaient quelques parties de l'image un peu brûlées, serait parfait de tous points.

La tête énergique et le profil aquilin du sculpteur y sont traduits à souhaits par la fierté de l'attitude, la fermeté du regard, l'éclat de la lumière et la vigueur de l'exécution générale. Sans doute M. Legray, dans ces derniers jours, a dû porter aux Champs-Élysées de fort belles épreuves que nous venons de voir rue Drouot : un portrait d'homme à bonnet grec et celui d'une jeune femme ; le premier, moins heureusement posé, mais avec des blancs de linge parfaits, participe d'ailleurs aux qualités du Clesinger ; le second est éminemment remarquable par une suavité d'effets, un parti pris de douceur et d'égalité qui n'enlève rien à la réalité ; le modelé général des chairs est fin, précis et noyé tout à la fois, et diverses parties très-claires de la toilette conservent cependant toute l'expression désirable.

Il y aurait parfois une querelle minime à faire à M. Legray comme à M. Tournachon sur la mise en toile. Rien n'est disgracieux comme une tête qui fait presque le centre du tableau. On doit laisser très-peu d'espace au-dessus, pour éviter un effet de buste cul-de-jatte ; tous deux ont déjà tant fait pour nos plaisirs, qu'ils voudront sans doute bien les compléter en nous ôtant cette mouche de dessus le nez.

A MM. Bertsch et Arnaud, dont nous connaissons les sentiments délicats et les aspirations élevées, est échu l'honneur de représenter deux artistes célèbres, MM. Berlioz et Millet. Nous regrettons d'avoir trouvé dans ces épreuves, difficiles à voir d'ailleurs par leur éloignement, des blancs durs et des fonds trop clairs. A tous autres égards il n'y a qu'à louer et beaucoup ; mais ces fonds clairs nous tracassent, et ce serait à craindre d'en arriver aux manies, si l'on avait pour soi l'autorité des grands maîtres de tous les temps. Ce sont eux qui nous ont fait si sombre ; car il est bien rare, si ce n'est impossible, de trouver de pareils fonds dans leurs tableaux.

Pourquoi? ce serait long à dire; mais le fait est indéniable.

MM. Bingham et Thompson, se fiant à leur habileté supérieure, ont voulu faire des portraits grands comme nature. C'était à leurs risques et périls.

> .... Mais pour être approuvés,
> De semblables dessins veulent être achevés.

Les cadres de M. Belloc sont en possession de la faveur populaire. Ils ont des qualités *photographiques* incontestables, telles que la propreté, la précision, l'égalité de rendu, l'absence de tout sacrifice. On dit en outre que M. Belloc ne manque pas une épreuve, et qu'un client est sûr, avec lui, de ne pas perdre sa pose. Certes il est agréable, à certains égards, d'arriver à cette sûreté d'opérations. Mais les vrais amateurs sont plus réjouis par une seule réussite exceptionnelle, à leur adresse, que par ces imperturbables résultats.

Deux ou trois positifs directs nous ont frappé dans l'exposition de M. Disderi. Peu sympathique, en général, à ce procédé triste et sourd, nous devons reconnaître en ceux-là des qualités de finesse et de velouté qui rivalisent avec les plus beaux souvenirs de la plaque daguerrienne.

Une tristesse vous prend, en regardant les estimables œuvres de M. Persus; car il ne saurait faire oublier son maître,' et sa présence vous rappelle péniblement l'étrange exclusion dont on a frappé M. Leblanc.

Si tant il y a que cette injustice ait pu blesser un artiste si bon, si loyal et si bien défendu par ses états de service, nous serions heureux de l'en venger.

M. Leblanc compte parmi les plus anciens pionniers de la photographie. On connaît de lui des portraits sur papier de premier ordre.

Longtemps il a lutté contre l'idolâtrie; mais il était dans une de ces situations où le public l'emporte. Encore, en abordant le portrait mixte, y a-t-il conservé tout ce qui pouvait être sauvé de son ancien culte. Certes on peut nier hardiment que M. Leblanc ait rien présenté devant les jurys d'admission qui dût craindre leur sévérité. Que cette conviction unanime, croyons-nous, parmi ses confrères, lui fasse oublier un coup d'épingle.

Nous avons incidemment déjà parlé de M. Defonds; ses

portraits, repeints franchement à l'huile, gardent des qualités réelles. On comprendrait la faveur du public pour cet intelligent compromis ; et, si tant est qu'il doive rester rebelle à la photographie proprement dite, on s'estimerait heureux, au nom des progrès de l'avenir, que son obstination n'eût pas d'autres conséquences.

Il est fâcheux que M. Leblondel, de Lille, ait envoyé parmi ses ouvrages quelques-uns de ceux-là dont nous sommes résolu à ne pas parler ; car ses nᵒˢ 4 et 5, malgré quelques mauvais blancs, et surtout son *Peintre au travail* nᵒ 6, prouvent qu'il serait désirable de le gagner sans réserve à la bonne cause.

Il y a de bonnes choses dans le grand cadre de M. Laverdet ; pas une peut-être absolument complète, mais beaucoup de parties excellentes. L'œil du peintre a passé par là. Signalons un vieillard à barbe blanche ; une jeune femme, le menton appuyé sur sa main ; un monsieur, cravaté de pois blancs, et surtout un portrait d'homme sans mains, le deuxième du deuxième rang, en haut.

Les couleurs de M. Laverdet sortent de ligne et font honneur au genre, une fois accepté. L'épreuve de ce même vieillard à barbe blanche, à côté de l'épreuve noire, en est le meilleur spécimen.

Nous aurons presque la même chose à dire des essais à l'huile de M. V. Plumier ; seulement la vérité des tons est contestable, mais le faire est large et ferme. Quant à ses portraits sans retouche, ils appartiennent à cette catégorie de ponçage, de symétrie, de tirage à quatre épingles et de clous dorés, auxquels notre éducation artistique ne nous permet de rien comprendre.

La société d'Olivier présente quelques bons portraits bien campés et bien modelés.

M. Meyer a eu ce que tout artiste tiendrait pour une bonne fortune, la figure et la *statue* de Rachel devant les yeux. Si le portrait est vraiment beau, bonne part en revient à la grande actrice, qui serait encore incomparable en peignoir de bain ; mais le fond, trop clair, n'est pas compris. Que n'aurait-on pu faire avec ce marbre animé ? Le portrait de l'Empereur est repeint en noir, presque en entier, sur un faux fond. Il sortirait donc de notre plan si la tête, à tout prendre, ne présentait pas de grandes qualités, et ne rendait pas, avec assez de fidélité, la silencieuse énergie du modèle.

PLAQUES.

La plaque soutient son ancienne renommée; mais, hélas! en dépit des sels d'or et de tous les artifices mis en œuvre, elle garde aussi la plupart de ses défauts, et les deux principaux, le ton grisâtre et le miroitage, suffisent à glacer les meilleures dispositions.

Il serait difficile pourtant de contester les qualités du genre. Nous rappelions hier les anciens portraits de MM. Bisson; on admire en ce moment, rue Drouot, quelques *Vues* de M. le baron Gros, ce Napoléon de la plaque. La profondeur et la finesse des plans, la perfection et la douceur du modelé dépassent tout ce qu'on a jamais obtenu par les autres méthodes. Qu'est-ce que cela prouve? C'est que les inconvénients doivent être bien redoutés, puisqu'ils font négliger d'aussi grands avantages; et qu'on ne veut pas de ce succès au prix qu'il le faut payer.

Dirons-nous enfin, sauf à nous sauver bien vite après, dirons-nous aux plus habiles, aux plus méritants des daguerréotypeurs, que tous leurs efforts n'ont pu jusqu'ici produire une œuvre complétement artistique, et qu'ils en seront toujours empêchés par cette impitoyable uniformité de perfection qui les distingue.

Paradoxe! vont-ils s'écrier. Nullement. Tout au plus leur accorderons-nous que l'œil humain est apparemment trop faible pour tant de bonheur! Rappelez-vous ces Athéniens ennuyés qu'Aristide fût trop juste.

M. Vaillat embellit la vieillesse de cette respectable plaque par tous les soins d'un bon fils, et réussit on ne peut mieux à consoler ses derniers jours. Le portrait de M. Vaillat lui-même est le plus remarquable; vient ensuite une figure de vieillard très-ridée, le nec-plus-ultra du rendu. Mais ce sont là des questions de *loupe*, comme les traitait Denner de triste mémoire; mauvaise école, encore une fois.

M. Thierry, de Lyon, nous a donné beaucoup de portraits, groupes et vues marqués par de nombreuses qualités; est-ce un moment d'humeur dans les nuées qui nous les a fait trouver plus gris encore que d'ordinaire?

Les vues de Paris de M. Millet sont fort belles. On doit en dire autant de ses portraits, en exceptant ceux que gâte *la couleur*. Nous avons regardé longtemps avec un vif plaisir une jeune femme coiffée d'un voile de gaze blanc et qui tient un stéréoscope. La pose est fine, l'expression charmante, et tout le reste à l'avenant.

De très-jolies statuettes pour stéréoscope recommandent le nom de M. Lamiche. Et mention veut être faite également, sous les réserves ordinaires, des plaques coloriées de M. V. Plumier.

REPRODUCTION.

Nous ne pensons pas qu'on puisse nous reprocher un manque d'égards, si nous faisons une courte pose parmi les prodiges de la reproduction. Ils sont signés des plus grands noms, et l'on est sûr d'y trouver intérêt, utilité, difficultés soumises et grands services rendus. Sans doute on a dans ce genre de travaux, à divers égards, les coudées franches et toutes ses aises. Modèle silencieux et calme, incapable de distractions, et qui se passe fort bien d'appuie-tête ; lumière égale, complaisante, simplicité de plans, de couleurs et d'effets, c'est beaucoup, avouons-le. Cependant, *parlant par respect*, il nous prend pour le reproducteur ce malaise admiratif qu'inspire la vue d'un acrobate élevé de 50 pieds dans l'espace. Quelle nuance plus subtile à saisir en effet ; quel plus scabreux tour d'équilibriste à tenter, que ce point juste de vigueur et de finesse nécessaires pour imiter exactement les traits du burin, de l'eau-forte ou du crayon ; pour fixer, sans raideur ni mollesse, les contours fuyants et les blanches valeurs du marbre ou du plâtre ? Quelle sûreté de prévision il faut dans les dépassements, et de coup d'œil dans les atténuations du fixage !

Maint confrère conviendrait humblement avec nous avoir barboté plus d'une fois dans ces récifs, si même il ne veut pas avouer y avoir chaviré complétement. *Experto crede Roberto.*

Toutefois, et voilà ce qui vient abréger ici la tâche du critique, à part le bon choix des modèles et le nombre de ces bienfaisants résultats, les mérites sont les mêmes. Le succès s'obtient à des conditions uniformes d'identité mathématique et de trompe-l'œil absolu ; si bien que louer l'œuvre du photographe dans la copie, c'est louer le modèle en personne, et

qu'on est contraint d'admirer Marc-Antoine en M. Delessert,
F. Flamand ou Rembrandt dans MM. Renard et Bisson, et la
Venus de Milo sous les habits masculins de notre illustre col-
lègue M. Bayard.

Le moyen avec cela de varier ses félicitations, et quel espoir
de trouver dans chacun de ces talents menechmes un cachet,
une individualité qui fournissent aliment à des appréciations
séparées. En vérité, la muse de l'éloge en personne, Clio, qui
doit savoir écrire, y perdrait ses accents!

Si les nôtres, sans force et sans échos, pouvaient être cependant agréables à l'oreille de nos confrères, si ces lévites
fervents de l'art photographique avaient le moindre appétit de
notre imperceptible encens, nous voudrions pouvoir les con-
voquer à quelque idéal banquet où nous ferions passer à la
ronde la coupe des compliments. Il faudrait commencer par
M. Bayard, leur chef,

Et par droit de conquête et par droit de naissance,

en qui se résument au plus haut degré toutes richesses de
l'école; ses Vénus de Milo, son bas-relief aux enfants, d'après
François Flamand, ses gravures de la Sainte-Famille et de
Greuse attirent tous les regards.

M. Delessert est notoirement en possession de *Marc-Antoine*, et le rapprochement hardi qu'il a fait des originaux et
des copies permet à chacun de vérifier si l'illusion est complète.
En tous cas, ce sont là de bien précieux matériaux pour les
hautes études, et qui, trop dispendieux jusqu'à nos jours,
vont, grâce à M. Delessert, pénétrer jusque dans la mansarde.

Les compositions religieuses sont devenues l'apanage de
M. Bilordeaux, qui cependant applique aussi de temps à autre
son rare talent à la reproduction de quelque furieuse mêlée. On
admire entre autres son *Crucifiement,* d'après Justin; le *Moine
à la croix*, d'Emile Chatrousse, et cette heureuse application
de la pierre lithographique au tirage des épreuves, qui nous a
paru grosse de promesses.

Les œuvres de M. Bilordeaux sont peut-être les plus répandues à travers le public, et si la nature des sujets explique cette
faveur, au moins se trouve-t-elle cette fois exceptionnellement
justifiée. Soyons reconnaissant envers l'auteur, si, dans la
chambre de la dévote, comme dans l'oratoire ou la chapelle,

beaucoup de vilenies ont été décrochées pour faire place à son *Calvaire*.

On ne saurait trop vanter les Rembrandt, les Rosa Bonheur, et toutes les reproductions de MM. Bisson frères. Les dessins particulièrement sont rendus avec des tons d'une grande puissance.

M. Renard s'est placé d'un bond au premier rang par ses bas-reliefs et ses gravures. Il est impossible de rien voir de plus parfait que ses F. Flamand, le *Petit Silène*, emprunté sans doute à Clodion, le *portrait de Mignard*, d'après Rigaud, et la *Dévideuse* de Gérard-Dow. Si M. Renard forme un cabinet à Bourbonne-les-Bains, ce sera l'un des plus grands attraits du pays, et la source la plus salutaire à visiter pour les artistes malades.

Beaucoup d'autres excellentes épreuves se pressent dans nos souvenirs et s'y disputent le pas : tels que le *Violoneux d'Ostade*, par M. Aguado ; chez M. Lesecq, les curieux spécimens de la collection de M. de Paulis ; les deux beaux dessins de M. Bertsch, que Bida lui-même ne saurait distinguer parmi les siens ; une admirable *Joconde*, de M. Legray, qui mériterait un chapitre à part, si ce Bulletin était un volume ; une eau-forte très-réussie de M. de Béranger ; de fort jolies statuettes sur papier, par M. Lamiche ; une charmante figurine de M. Persus, d'après Fraikin ; enfin quatre reproductions délicieuses de sculpture et bas-reliefs, par M. Solon ; les première et quatorzième stations du *Chemin de la Croix*, le *Baptême du Christ* et la *Statue de la Vierge*.

M. Charles Nègre tient à l'Exposition le sceptre du genre qui répond à ce que dans la peinture on nomme le *tableau de chevalet*. La plupart de ses groupes se distinguent à la fois par le ton, par le faire et par la composition. Un *Petit bonhomme accroupi*, fabricant d'ardoises ou de tuiles ; trois *Pifferari* assis, un autre debout près d'une porte au pied de laquelle est une femme, nous ont paru surtout remarquables.

On examine avec une sympathie toute particulière le cadre de M. Nègre, quand on sait quelle passion éclairée cet artiste apporte à ses recherches photographiques, et qu'il est de ceux dont on peut dire :

Nil actum reputans si quid superesset agendum !

C'est ainsi qu'il a mis toute son ardeur à trouver les meilleurs procédés de gravure héliographique, et qu'étant déjà l'un des fondateurs de cet art appelé par tant de vœux, il en sera, croyons-nous, l'une des gloires. Son *Trophée d'armes*, ses deux *Portails* et ses deux Rembrandt justifient cet horoscope.

Les *Lepautre* de M. Baldus et les œuvres de M. Riffaut forment dignement, avec les précédentes, le contingent de gravures héliographiques mis au jour en 1855. Quant à M. Niepce, il paraît s'être contenté de faire acte de présence et de fixer les dates par deux ou trois curiosités d'un pouce carré de surface, placées au bas du cadre de M. Aguado. Nous nous défions trop de notre compétence et de notre mémoire historique, pour avoir l'honneur d'en parler.

Nous ne pouvons que souhaiter à tous le plus prochain et le plus entier succès d'application pratique. Le jour où nos clichés pourront devenir économiquement des planches gravées, fines et solides, tout disparaîtra devant elles ; la révolution héliographique sera consommée, fallût-il même encore appeler à l'aide la *dernière main* du graveur. En sommes-nous moins venus au monde, et quelques-uns très-bien conditionnés, pour y être entrés avec le secours d'un docteur que la nature probablement n'avait pas mentionné sur son programme ?

Dans le genre proprement dit, on doit classer M. Boitouzet, très-fort pour les attributs et natures inanimées. Certaine tasse de porcelaine, qui figure dans une petite épreuve des mieux venues, avec des fleurs, des livres et d'autres objets, nous a frappé depuis longtemps dans une vitrine du boulevard Italien, comme un tour de force en fait de blanc. M. Boitouzet fera bien d'exploiter cette veine heureuse. Peut-être seulement, comme tant d'autres, ne tient-il pas assez compte de l'abîme qui sépare telle et telle épreuve positive d'un même cliché.

C'est une singulière impression que celle produite par les ouvrages de M. Moulin. On est attiré d'une part, et vivement repoussé de l'autre. De loin, l'effet est monotone, papillotant et froid. De près, on trouve quelques jolis détails, et par-ci par-là des harmonies qu'on n'eût pas soupçonnées.

L'ensemble cependant est fâcheux, surtout par la préméditation de certaines poses. Si du moins le peu de bienséance du sujet était racheté par la beauté, par la grâce ; mais comment, au tort de l'inconvenance, ajouter si gratuitement celui de la laideur et de la vulgarité! Voyez cette Hottentote, elle n'a pas comme les types de M. Rousseau, l'excuse d'être rare. Quel besoin de nous apprendre qu'on peut être une femme avec ce bras droit, cette omoplate, ce jarret et ces pieds? encore faut-il se taire sur *le point central!* M. Moulin nous a donné le droit de lui dire au nom du goût, si ce n'est au nom de la pudeur : « Cachez-*nous* cet objet que *l'on ne saurait voir.* »

Pourquoi, si M. Moulin tient à ce genre d'études, n'a-t-il pas eu la sagesse de les tenir dans l'ombre, et de nous montrer seulement des choses qui lui feraient honneur, telles que la *Grand'mère au fuseau,* par exemple?

Nous n'aurions qu'à le féliciter; il nous eût ainsi dispensé d'un pénible devoir, celui de faire entendre une protestation au nom de tous les gens délicats.

Terminons cet interminable examen, en donnant à de très-habiles confrères venus un peu tard, ou disséminés un peu loin, ce qui nous reste d'un temps dont meilleure part leur était due si nous en eussions été plus ménager. M. Richebourg continue dans les portraits d'animaux les succès d'artiste qu'il a rencontrés dans ceux de notre noble espèce. M. Saillard, du Havre, a fait des reproductions de plâtres excellentes. Les fleurs de M. Braun sont une application neuve et extraordinairement belle de notre art. Beaucoup auraient refusé de croire à de pareils résultats avant de les avoir sous les yeux. Ces cartons sont apparemment des modèles faits pour l'industrie. Mais, de ces premiers pas à des bouquets disposés comme ceux de Vanhuysum, la distance n'est pas assez grande pour effrayer nos courages. Signalons donc cette gracieuse entreprise à l'émulation de nos maîtres.

Il nous reste à citer les positifs sur albumine de M. Ferrier. Ses vues de monuments, d'une si fière tournure et prises dans le meilleur aspect, se distinguent dans ce genre par des qualités qu'on y rencontre bien rarement.

Que sera la photographie quand nous aurons vieilli de dix ans? Ne semblerait-elle pas pouvoir prendre impunément pour devise le fameux

Quo non ascendam ?

Restons modestes, cela vaut mieux. Caressons entre nous,

et fructifions, les uns par notre enthousiasme, et les autres par leur génie, les hautes espérances que les palmes du temps présent légitiment dans nos cœurs.

§ VI.

PHOTOGRAPHES ÉTRANGERS.

Depuis la décadence de l'art italien, et comme un légataire sympathiquement choisi par cette gloire agonisante, la France a tenu le sceptre que l'Italie jadis avait reçu de la Grèce. Parmi toutes les nations rivales appelées à triompher tour à tour dans la guerre ou l'industrie, jamais elle n'a perdu la supériorité de l'art et du goût.

C'est là une vérité si généralement admise, qu'on peut l'énoncer, même en ce moment, sans manquer de politesse envers les hôtes étrangers auxquels nous avons à faire les honneurs du logis.

Certes il y aurait aujourd'hui mauvaise grâce à rechercher, dans une histoire encore brûlante, si nos revers les plus désastreux nous ont jamais découronnés de notre excellence guerrière pour en parer d'autres fronts.

On peut être aussi brave que nous, d'ailleurs, sans l'être de la même façon, avec notre adresse et notre entrain, et nous ne trouvons en ce moment, dans les rangs unis d'une héroïque armée, que des nuances d'émulation et des variétés de courage.

Mais ce qui ne sera pas contesté, c'est que nos arts n'ont encore à déplorer ni Malplaquet, ni Waterloo. Les étrangers s'unissent dans un commun hommage aux créations que le génie français élabore avec patience, comme à celles qu'il produit en se jouant; à nos modes, à notre luxe; il recherche les riches fantaisies dont nous faisons briller le superflu, comme les gracieux enjolivements dont nous rehaussons le nécessaire.

Toutefois, cette prééminence qui s'est établie par une sorte de consentement tacite, sous l'influence des lumineux rayons que la nouvelle Athènes envoyait sur tous les points du globe, n'avait par cela même jusqu'ici que des titres et des témoins errants, disséminés, sans cohésion, sans comparaison d'ensemble immédiate et péremptoire.

Un grand événement dont l'Angleterre s'honore à bon droit, cette évocation d'un bazar universel, dont elle a si splendidement donné le premier exemple, en élevant encore son rang parmi les peuples travailleurs de la main et de la pensée, est venu consacrer aussi les gloires de l'art français, et proclamer comme un apanage définitif de notre pays l'élégance, la grâce et la distinction suprême.

Oublions, pour reconnaître la loyauté de ceux qui nous l'ont spontanément décerné, combien ce triomphe était probable. Là, plus de malentendus ni d'échappatoires ; plus de contestations théoriques et vaines, capables de résister aux impressions électriques d'un sens unanime ; impossible d'éluder une lutte sérieuse, un concours décisif, et de comparer, comme on avait pu le faire jusqu'alors en tout pays, des pacotilles étrangères avec la quintessence des productions nationales.

En présence de tout ce qu'il y a sur notre planète de forces intellectuelles, un même temple avait tout réuni ; les intérêts haletants avec leurs efforts, les rivalités ambitieuses avec leurs enseignes les plus brillantes, et, comme en un gigantesque débat de justice internationale, les parties, les pièces de conviction, l'auditoire et les juges.

L'auditoire qui, cette fois, était le monde entier, n'a pas oublié le verdict.

Non certes que la France ait accaparé les couronnes : nul de ses enfants n'en devait avoir la prétention ni le désir. Il n'est bon ni pour les individus, ni pour les nations, d'outre-passer les bornes que la Providence a voulu mettre aux prospérités humaines. Presque tous ceux qu'ont enivrés des joies exceptionnelles, dans leurs affections ou leur fortune, ou qui seulement, sur les apparences, pouvaient être classés par l'envie dans cette catégorie de *suspects,* ont fait une expérience bien triste. Ils ont vu quels ennemis acharnés, quelles préventions odieuses et obstinées suscitent, dans tous les rangs et dans tous les états, le gain réel ou présumé des gros lots à la loterie du bonheur. C'est une sorte de duel où le moins heureux se pose toujours en offensé, s'attribue le choix des armes, et l'avantage du premier coup qu'il manque rarement. Or le calice des amertumes ne se remplit pas seulement pour les individus ; il attend aussi les nations trop fières. Nous avons été rudement traités, au début de ce siècle, par le grand médecin, de notre pléthore conquérante ; ne souhaitons pas une pléthore de supériorité dans les œuvres de la paix.

Maîtres dans les arts qui firent les splendeurs de la Grèce et de l'Italie, c'est déjà beaucoup. Tels nous sommes sortis du Cristal-Palace de 1851, tels nous allons rester quand le Palais de l'Industrie de 1855 fermera ses portes. Car enfin, à quelque réciprocité de galanterie que nous soyons tenus et disposés envers nos voisins, encore nous faudra-t-il y mettre esprit et bon goût. Il y a des façons d'être poli qui touchent à l'impertinence; et vous seriez mal venu près des plus beaux yeux noirs, avec un madrigal fait pour des prunelles d'azur.

L'Angleterre, notre seul compétiteur sérieux dans le steeple-chase de la civilisation, a d'ailleurs trop de grands et réels succès à prétendre pour ne pas nous en laisser volontiers quelques-uns; et nous croyons qu'en revenant des Champs-Élysées comme en quittant Hyde-Park, elle continuera de chercher dans nos arts comme dans nos artistes des enseignements et des modèles.

Si toutefois, sur ce terrain même, un doute pouvait subsister; si du moins une balance de mérites et de titres divers pouvait garder l'équilibre, ce serait dans cet art de fraîche date dont nous sommes ici l'humble archiviste.

Le plus que nous puissions faire pour leur modestie, le moins contre notre orgueil, c'est de voir dans les photographes anglais des égaux presque toujours, et parfois des maîtres. Pour qui n'est pas atteint d'un chauvinisme incurable, pour qui sait en même temps voir et juger, si dans quelques branches spéciales, telles que l'architecture et le portrait, nous l'emportons manifestement, nous devons céder le pas ailleurs, et notamment sur une de nos plus charmantes routes, le paysage sur collodion. Cette méthode photographique, inimitable par sa finesse et sa délicate coquetterie, se personnifie glorieusement en Angleterre dans le nom de M. Roger Fenton. Ce fut pour nous, qui cependant avions trouvé déjà chez nos amis et maîtres compatriotes de fréquentes occasions d'enthousiasme, un jour d'étonnement plein de charmes, quand les œuvres de M. Fenton s'offrirent à nos yeux; et l'on est tout penaud vraiment, quand on en doit parler, d'avoir fait et dû faire une telle dépense de matière élogieuse. Notre petit laboratoire littéraire n'en contient plus un flacon qui ne soit éventé.

Il y a dans le photographe deux êtres malheureusement séparables et trop souvent séparés, le praticien et l'artiste. C'est une thèse que nous avons soutenue jusqu'à satiété, par l'ardent désir que nous aurions qu'elle pénétrât bien avant dans l'esprit de nos confrères, et par la conviction profonde où nous sommes que la fusion intime de ces deux qualités peut seule empêcher notre profession de se voir classer parmi les industries insalubres. Pour bien faire, il devrait y avoir entre l'opérateur et l'artiste ce qu'on appelle chimiquement une combinaison, plutôt qu'un mélange. M. Fenton est un brillant exemple de cette étroite union. La plupart de ses épreuves semblent avoir été fabriquées par un mécanisme idéalement perfectionné, tant elles sont irréprochables d'éclat, de propreté, de ton et de patine. Voilà certes un opérateur de premier ordre ; mais c'est le petit côté ; nous avons à considérer bien davantage l'homme de goût et de sentiment.

Peut-être devrait-on se défier de ses impressions sur un pays, quand on l'a parcouru dans la première séve de la jeunesse, à cet âge où tout dans la vie ressemble aux premiers accords d'un céleste concert ; où tout arrive à l'esprit comme aux sens avec le bruit joyeux d'un signal de fête : et c'est ce qui nous est advenu dans les Trois-Royaumes. Cependant il y avait ample compensation et préservatif suffisant contre un excès de plaisir ; car ayant eu le pied gravement blessé dès le départ, et réduit, tantôt à percher sur le clocher d'un *stage-coach*, tantôt à nous asseoir tristement devant la fenêtre solitaire d'un hôtel, cette admiration invalide était mêlée d'une contrariété des plus vives. Aussi gardons-nous pleine foi dans nos souvenirs, et croyons-nous que plus tard encore, dans la période assombrie de l'existence, après que la fibre sensible a subi les refroidissantes ablutions de plus d'un orage, on ne saurait revoir de sang-froid ce magnifique pays, ces *lieux charmants*, qui n'ont pas eu le chagrin de veillir, ou que la vieillesse embellit.

S'ils offrent à nos premiers pas les riantes images de ce que nous promet, dans nos plus beaux rêves, l'amour heureux et éternel, le poétique loisir et l'errante insouciance, par un contraste fécond ils savent dire éloquemment à l'âge mûr de quelles intimes consolations la nature est pleine, pour qui la sait comprendre. Ces grands et frais ombrages, ces masses d'une verdure calme et grave, ces ruisseaux paisibles et ces grasses prairies, reposantes pour l'œil comme la méditation pour le cœur, apportent à l'âme déjà fatiguée je ne sais quelles intuitions d'un autre bonheur, dont on a cherché vaguement le secret! Dans ces aspects de la parure terrestre, dont les divins arrangements ne sauraient être sans quelque lien mystérieux et prévoyant avec nos extases, tout un monde peuplé d'idées nouvelles se révèle à nos yeux.

Le travail serein et pieux à côté du foyer babillard, le repos, l'ombre et la fraîcheur au seuil du logis, les mille joies de l'enfance rustique, toutes ces richesses de l'*aurea mediocritas*; à vos côtés les gracieux encadrements d'une vie champêtre; au loin, un horizon bleuâtre et scintillant qui ne se lasse pas de répondre à toutes les questions de vos regards perdus, ah! quel est donc le cœur flétri, l'esprit malade, quel est l'indomptable orgueil ou la tendresse désolée qui ne trouveraient plus rien pour eux dans ces saintes esquisses? Où sont les anges assez déchus, assez révoltés pour ne pas y lire qu'il reste encore quelque chose par delà ces éphémères ivresses qui semblaient devoir être sans fin? Est-ce à dire pourtant que la verte Angleterre ait le privilége de remuer toutes ces pensées, et le monopole des oasis ruraux? Non pas, Dieu merci! Notre France en contient sa bonne part, où les sages se délectent, où les blessés se consolent. Cependant chaque pays a, dans sa constitution physique, des signes particuliers, une empreinte originale; et sans avoir vu les régions du grand Nord, où ce nous paraît être un peu trop souvent le tour du brouillard pour qu'Ossian n'y devienne pas monotone, il nous semble que le caractère dont nous avons tenté l'indication appartient entre tous au pays des *gentlemen farmers* et du *cottage industry*.

L'Angleterre, d'ailleurs, avec ses alternatives de brume et de soleil, n'a pas à craindre de comparaison avec les contrées de la légende, dans le domaine poétique et visionnaire. Aux grelottantes strophes ossianiques, elle opposera les *Cloîtres* de Lewis, et plus haut encore, les *Titania* de Shakespeare ou les *Manfred* byroniens. Une riche moisson d'arceaux brisés, de nefs et de colonnades chancelantes y convie les nocturnes appétits des amateurs du genre; les lunes les plus pâles y courtisent dans tous les comtés des ogives étouffées sous le lierre, et leurs caresses blafardes se jouent au fond de chaque vallée sur le suaire des abbayes.

Si vous croyez que ces dioramas vivants dont quelques vagues, au bout d'un chemin de fer, vous séparent, sont encore trop loin pour y aller voir, vous ferez avec eux connaissance presque intime, au carré Marigny, grâce à M. Roger Fenton, dont tous les cadres en ce genre sont des chefs-d'œuvre d'élégance et de pittoresque.

Nos lecteurs s'en prendront à lui si nous sommes retombé, à leur grand dommage, dans la veine élégiaque. A bout de mots et de tournures, nous n'avons cru pouvoir faire à M. Fenton un compliment plus juste et plus direct qu'en essayant de peindre son magnifique pays tel qu'il le montre à ceux qui l'ignorent et le rappele aux heureux qui l'ont exploré.

On dit souvent que Rembrandt n'a jamais été mieux compris et plus admiré que depuis l'avénement de la photographie.

De même, il faut avouer que M. Fenton et ses émules sont venus rendre témoignage de la fidélité des *keepsakes* et des *landscape annuals*, qu'on tenait jusqu'ici pour suspects dans leur finesse un peu mignarde et dans leurs compositions si perlées. M. Fenton est le Galilée de la vignette anglaise ; mais plus heureux que l'ancien, on voit qu'il n'a jamais eu ses convictions à désavouer.

Impossible de prendre congé sans entrer dans le concert de félicitations et d'éloges que lui valent ses travaux en Crimée. Près de trois cents épreuves qu'il ne nous a pas encore été permis de voir, mais dont l'Empereur n'a pu rassasier sa curiosité dans une longue séance, tel est le mémorable butin amassé dans ce qu'on peut justement appeler cette *première campagne photographique*. C'est un honneur, c'est un titre de noblesse pour les photographes anglais que d'avoir vu l'un des leurs inaugurer sur ce glorieux plateau de Chersonèse l'application la plus curieuse de notre art.

On se rappellera, pour la récompense de l'auteur, que sa tentative était bordée de périls, et qu'une mise au point dont les bombes sont la cause de dérangement la plus probable, sort un peu de l'ordinaire. Nous devons envier à nos voisins ce contingent artistique apporté par eux dans les futures solutions de la question d'Orient.

Avec M. Maxwell Lyte nous rentrons en France. La santé de cet éminent photographe l'a contraint depuis longtemps d'en adopter les climats méridionaux; et nous souhaitons que l'hospitalité de nos montagnards et la clémence de notre soleil pyrénéen adoucissent pour lui le mal du pays. Il a trop accru l'illustration de ces contrées pour qu'elles ne lui doivent pas un accueil fraternel et ne s'estiment heureuses d'acquitter leur dette.

Avec l'œuvre de M. Vigier, mais dans un autre genre, moins large et plus fin, avec des qualités aussi belles, mais belles autrement, les vues de M. Lyte sont ce qu'on a fait encore de plus charmant et de plus fort sur ce coin de terre privilégié.

En même temps qu'il sert l'art en vrai fanatique, M. Lyte est savant chimiste, et s'il réserve un œil des plus tendres pour la nature, il en a toujours un disponible pour les recherches de son laboratoire. Aussi les recueils anglais et étrangers signalent-ils, par les fruits, ses intéressants et multiples travaux; c'est dire qu'il est passé maître en fait de manipulation, et que ses clichés, comme ceux de M. Fenton, sont généralement sans défauts. Au reste, cette qualité devient banale parmi ceux qui s'occupent sérieusement de photographie, et ce n'est pas sur elle non plus que nous voudrions insister avec M. Lyte. Dans une dimension modeste, mais agréable et commode, il a renfermé toute une série de tableaux délicieux, aux effets les plus piquants et les plus variés, et qu'un peintre paysagiste ne voudrait pas composer autrement avec sa fantaisie.

Pour citer, il faudrait presque glaner au hasard; car il y en a de tous les goûts : les uns fins, clairs et précieux, comme le *Pont de Betharan*, avec ses grappes de lierre et des lointains exquis entrevus sous la courbe de l'arche; comme une *Plage à marée basse*, qu'on croirait signée de G. Van den Velde ; les autres, vigoureux, saisissants, énergiques; des Salvator terminés, tels que le *Cirque de Gavarnie*, superbe épreuve où l'on retrouve encore les beaux tons des Ruysdaël sauvages; les glaciers du fond se dessinent complets sous la vapeur lointaine qui les voile, et les premiers plans ont une extraordinaire fermeté.

Beaucoup de ces vues sont empreintes d'un effet bizarre, pour lequel M. Lyte paraît avoir une préférence que nous partageons : ce sont des teintes sombres, quoique fort transparentes, mystérieuses et suaves, qui répandent sur la nature ainsi comprise une mélancolie remplie de grâce. C'est sans doute par un heureux excès de pose que M. Lyte les obtient; car une exposition trop brève donne en général des effets durs, et quant au soleil qui se couche réellement, il ne donnerait rien du tout.

Quel que soit le procédé, *les Soirs* de M. Lyte lui valent une place à part et constituent des œuvres d'une originalité très-poétique. Il existe bien ailleurs des épreuves de ce genre, mais à l'état de hasard, produites comme la prose du *Bourgeois gentilhomme*; jamais, que nous sachions, avec cette préméditation systématique.

Trois vues prises dans le val d'Ayun, l'*Église de Pouey-le-Hun*, le *Château d'Arras*, une *Route bordée de parapets en pierres sèches* ont été traduites en ce sens par M. Lyte avec un succès complet. La dernière surtout se compose avec des lignes et des effets d'ombre si charmants, qu'on refuserait volontiers de la croire si *réelle*. Les deux voyageurs béarnais sont posés sur le bord du chemin avec la tournure naïve du terroir, et leurs ombres allongées, s'enlevant sur les lumières de la route, expliquent et confirment les effets répandus sur le vallon inférieur.

Un petit bout de la pittoresque ville de Saint-Jean-Pied-de-Port, c'est-à-dire d'un des joyaux pyrénéens les mieux montés et les moins connus, puis un aspect de la vallée de Luz, sont de la même famille.

Sans avoir fait des ciels en règle, M. Lyte cependant n'a pas voulu que ses paysages se découpassent sur un firmament de papier blanc. Il a dégradé les teintes assez habilement, quelquefois avec excès. Ce procédé, qui plaît au premier abord, ne supporte pas toujours la discussion rigoureuse des rapports de lumière, et les effets en sont d'ordinaire plus curieux que logiques. C'est un écueil que devrait craindre M. Lyte, si le feu sacré qui l'anime ne le conduisait très-prochainement, sans doute, à des ciels véritables dont il saura bien adapter les valeurs aux exigences de ses épreuves.

M. Lyte est, à notre connaissance, un de ces laborieux

enthousiastes comme il en faut pour les progrès et l'honneur d'un art à son berceau.

Nous ne saurions, comme photographes, trop bien récompenser de nos sympathies l'ardeur de son zèle; comme artistes en titre ou surnuméraires, on ne risque guère de tomber dans les excès en admirant ce que ce zèle a créé.

M. J.-D. Slewelyn doit être mis en parallèle, au moins dans ce qu'il a produit de plus complet, avec MM. Fenton et Lyte. *Pentle-Gare, Boat-house,* étaient déjà de très-belles épreuves; *Bristol* et le vieux pont à deux arches, surmonté d'un petit personnage, ne sont dans leur genre inférieures à nulle autre, et peuvent aller de pair avec ce que le collodion a donné de plus parfait, avec ce que le goût, qui choisit les meilleurs types, nous a montré de plus réussi.

Vient ensuite M. H. White qui, surtout par un petit tableau de genre d'un grand prix, nous a laissé l'un des souvenirs photographiques les plus vifs que nous ayons emportés des galeries anglaises. A la porte d'un *cottage,* une dame âgée ou malade est étendue dans une petite voiture à bras ou fauteuil roulant (*garden chair*). Une jeune femme est debout auprès d'elle. Toute la physionomie de ce groupe exprime un heureux échange entre l'infirmité vénérable et la tendresse forte et vaillante. Nous ne savons trop ce que pensent au juste nos confrères de cette épreuve et s'ils en ont été saisis comme nous, qui la tenons jusqu'ici pour unique.

C'est du Metzu, du Meissonnier, avec la magie suprême du clair-obscur, dont le plus grand peintre arrive seulement à donner une idée, qui, toute belle qu'elle soit, reste cependant à l'état d'intuition. Rien n'impose plus victorieusement aux sceptiques la conviction des miracles contenus en germe dans la photographie, que cette page de M. White, par le seul examen des ombres lumineuses répandues sur les chairs, au fond du chapeau de la vieille dame. Méconnue sans doute au premier abord, elle avait été pendue tout en haut des travées. Des réclamations admiratives ont dû venir se joindre à la nôtre, car on l'a ramenée depuis au niveau de l'œil des connaisseurs ébahis.

Parmi les excellents ouvrages de M. White, on remarque une étude de masses de verdures, *the park Lodge;* une autre de roseaux et fougères, hautes herbes et plantes marécageuses, *the park Side;* enfin *the mill Stream,* où deux bonshommes au bord d'un ruisseau égayent et font vivre le paysage. Mais ici c'est le cliché qu'il faut louer, car l'épreuve positive est défectueuse.

The Garden chair est encore du collodion, ainsi que les vues, à ce que nous pensons.

M. John Lamb d'Aberdeen a des épreuves d'élite, telles que *the View of the River Don* (n° 7), celle aux deux pyramides dans le fond; une autre plus fine encore, même numéro; *the Bridge of Don* (n° 2); trois petits personnages sont adorablement groupés sur une roche au-dessous du pont.

Peut-être ces morceaux, d'ailleurs si complets, vous tiennent-ils un peu dans l'appréhension de voir poindre la sécheresse et la dureté, ces *mane, tekel, pharès* de l'albumine, et, dans un moindre degré, du collodion.

C'est encore, après un égal tribut de félicitations, la réserve toute respectueuse qu'on pourrait faire au sujet des animaux de la ménagerie, par le docteur Scott (1) ; s'ils sont toujours reproduits sur la nature vivante, ils témoignent d'une instantanéité très-remarquable dans les opérations, et s'ajoutent brillamment à ces œuvres qui poussent dans une ère nouvelle les enseignements et les plaisirs de la zoologie.

L'apport de M. Sherlock est intéressant et varié. Ses *clouds* (nuages) sont fort beaux et tout à fait régalants pour les coloristes ; reste à trouver le moyen de les produire simultanément avec ce qu'il y a dessous, et, jusque-là, de les y souder avec justesse et sécurité.

Boy peeling turnips (un gamin pelant des navets), 82 *years of age,* sont des morceaux de choix et d'un grand effet.

Dans le *Rustic Groupe,* M. Sherlock a réuni fort artistiquement seize figures dont quatorze enfants. On pense, en les voyant, aux tableaux de Gonzalès Coque. C'est un peu bien mère Gigogne, mais très-remarquable comme difficulté photographique.

Les détails de bois et les fouillis de plantes du *Foot-Bridge* (la passerelle) sont très-bien rendus, quoiqu'un peu brins à brins, et comme la trame d'une étoffe, par conséquent sur le

---

(1) Peut-être faisons nous ici confusion. M. de Lasteyrie, dans le *Siècle,* semble attribuer ces animaux à M. le comte de Montizon.

bord de la sécheresse. Ils baignent d'ailleurs dans une eau superbe.

De M. O. Rylander, *Old mother Goose* (la vieille mère l'Oie), sa pipe à la bouche, nous offre un type frappant de l'Angleterre mendiante ou tout au moins besogneuse, ce revers d'une si belle médaille; finesse, modelé, caractère, originalité, tout est là, *genuine and capital*.

Le collodion ou l'albumine ont encore aidé MM. Thurston et Thompson à nous donner les reproductions des dessins de Raphaël, qui semblent aussi parfaites que possible, en l'absence des originaux. Les fac-simile des dessins sont d'ailleurs, en général, encore plus surprenants que ceux des gravures. Aussi croyons-nous avoir pleinement aspiré ces émanations du dieu de la peinture, parties du *British Museum* ou de la *National Gallery*. Nous devons au même photographe d'avoir pris une idée du *Fine art Court* (palais des Beaux-Arts) de Dublin. C'est une réunion de tableaux et statues, où la faiblesse relative de l'éclairage, et des blancs très-catégoriques, donnaient de la tablature à l'opérateur. Il s'en est tiré très-dextrement.

On ne trouvait, au jour où nous l'avons examinée, ni numéro ni nom au bas d'une série de superbes épreuves microscopiques. Les *Details of Blow fly*, les *Silicious formations*, etc., signalent un digne émule des Rousseau, des Bertsch, des Arnaud et des Bisson.

M. Delamotte a fait au *Palais de Cristal* des études moitié pittoresques et moitié statistiques, où le second de ces caractères domine, à notre avis, beaucoup trop pour laisser à cette collection autre chose qu'un intérêt curieusement technique. Ces grands cintres, ces colonnades en fonte, ces enchevêtrements de cannelures où le fil de Thésée serait insuffisant à vaincre un dédale de fonte et de fer; ces amas d'objets papillotants et qui ressemblent, ainsi serrés et sauf le tapage, aux convives des dîners de Paris, tout cela touche médiocrement notre cœur d'artiste, qui répugne à battre sous une émotion purement photographique.

En dehors du tour de force d'optique et de pose, de pareilles épreuves s'adressent aux amoureux souvenirs des exposants, des ingénieurs ou des serruriers.

Appelons de tous nos vœux nos confrères, et la rare habileté de M. Delamotte le premier, sur d'autres chemins. Les fleurs qu'on récolte dans celui-là ont peut-être leur charme pour certains goûts. Mais elles nous laisseront toujours indifférents et froids.

M. Delamotte a d'ailleurs d'autres bois pour ses flèches, et se révèle par quelques exceptions, telles que la *Cour des Lions de l'Alhambra*, *the Road to Pendge*, etc.

Les travaux et découvertes du célèbre Talbot ont fondé sur de solides bases la renommée photographique de l'Angleterre. N'est-ce donc pas une bizarre anomalie que la faiblesse de cette exposition réside précisément dans la méthode sur papier que nos voisins ont très-justement, du moins chez eux, consacrée par le nom de *talbotypie*.

Ses rares adeptes au Palais de l'Industrie sont MM. William. J. Newton, Ross. T. Thowson, B. B. Turner.

Le premier nous apprend que ses positifs mêmes ont été tirés par le procédé négatif. C'est, au nom de ce qu'il appelle avec une variante : le calotype, une franchise désintéressée dont nous lui ferons compliment plus volontiers que du résultat de la méthode.

Les *Burnham Beeches* (les hêtres de Burnham), qui sans doute auraient donné, par tout autre tirage, une excellente épreuve, se présentent sous une couche de jaune, avec des détails durs et secs, des contrastes brutaux du blanc au noir, qui ne sont pas le crime de M. Newton, mais bien celui de ce malheureux procédé.

Quant à la grande futaie de M. R. T. Thowson, placée dans un encadrement rond, elle est fort belle, quoiqu'un peu sourde, et très-douce à l'œil du peintre.

Enfin, *the Wilows way*, de M. Turner, mérite assurément, de vifs éloges au point de vue de l'art; mais elle grossit la liste des méfaits du Talbot positif, et nous donne un triste exemple de ce qu'a de fatal pour les meilleurs photographes un expédient de tirage qu'il faudrait abandonner, une fois pour toutes, aux industriels trop pressés.

C'est dommage que M. Townsend ait borné son contingent à quelques épreuves très-estimables, mais peu concluantes en faveur de la simplification du papier ciré, dont il s'est fait le promoteur, et que tout confrère aurait désiré voir justifiée par des titres plus éclatants. Désolés que nous serions de lui faire la moindre peine, souhaitons qu'il apporte à l'appui de sa méthode des spécimens où l'on trouve encore plus de douceur et d'harmonie.

Celles de M. Robertson sont-elles dues au collodion ou bien à l'albumine? c'est ce que nous n'avons pu démêler. Ce sont des vues de Grèce et de Turquie, très-fines et détaillées, mais éminemment froides et raides pour la plupart. Le ton est d'un bleu d'ardoise qui manque de force et de chaleur.

Les perspectives semblent cherchées pour satisfaire l'architecte ou le photographe; l'artiste n'y trouvera pas tout à fait son compte. Quelques-unes, cependant, ne laissent rien à désirer, même à cet égard, entre autres la *Cella du Parthénon*, une *Fontaine à Scutari*, l'ancienne *Église Bysantine* et le *Palais du sultan Abdul-Medjid*.

L'absence de portraits sérieux, faits par ou pour des artistes, nous a singulièrement étonnés, au milieu des œuvres exposées par les enfants du pays qui s'honore d'avoir produit le grand Joshua Reynolds, et qui, nous devons le dire à sa gloire, laisse à peine sortir de ses frontières une ébauche échappée de cette illustre main.

M. J. Lamb seul nous a montré des échantillons d'un honorable savoir-faire dans ses positifs directs, empreints de toutes les qualités, mais aussi des défauts du genre. En confrère sympathique et loyal, nous le supplierons de prendre garde aux enluminages; c'est bien malsain, et les plus fortes constitutions peuvent en souffrir cruellement. N'aurait-il pas éprouvé déjà quelque sourd malaise depuis qu'il a cru pouvoir braver cette contagion.

En fait de plaques daguerriennes, nous avons assez deviné les *Vues de Dublin*, par M. R. Beauford, pour avoir peine à comprendre comment on les a colloquées d'une manière si taquinante pour l'œil que la *secatura* du miroitage en est centuplée.

Les stéréoscopes de MM. L.-R. Williams et Claudet leur donnent tous droits à recevoir l'accolade de MM. Ferrier, Soulier, Clouzard et Couppier, qui chez nous sont les maîtres du genre.

Mais l'effet de sortilége et de *récréation amusante* étant la plus réelle et la seule durable impression que nous aient jamais laissée ces sortes de choses, nous en livrons à faire l'histoire et l'éloge tout neufs à qui prendra là son plaisir.

Deux éminents critiques de la science, qui font quelquefois l'école buissonnière à travers l'art, se sont chamaillés à ce sujet :

« Arrière le stéréoscope, a dit l'un, ce n'est qu'une boîte à surprises, un joli joujou. »

— « Malheur et profanation ! a répondu son collègue : regardez-y mieux. Dans les petites boîtes les bons onguents, c'est une institution ! »

Hélas ! nous aussi nous friserons le sacrilége en avouant que dans la pyramide stéréoscopique nous ne voyons guère qu'un objet d'étrennes pour les enfants, grands ou petits.

S'il y a des exceptions, elles sont rares, et d'ordinaire ce n'est plus là de la perspective où du relief, mais une façon de jeu de quilles pittoresque, au milieu desquelles votre œil se promène comme la boule, en franchissant des espaces chimériques. Pour aller ainsi prestement à travers des intervalles si démesurément agrandis, il semble que le spectateur ait les prunelles de sept lieues dont l'ogre avait les bottes.

Et là, sincèrement, le stéréoscope n'est-il pas à notre art ce que la boîte à cylindre est à la musique ? Quel régal d'avoir à tirer sa tabatière de sa poche, à pousser des boutons, à poser le tout sur un verre à boire, pour entendre les mêmes ariettes chantées avec une voix de sauterelle !

Certes, les noms par nous cités sont ceux d'hommes ingénieux, de grande science et d'exécution parfaite ; mais qui jettent, comme on le dit vulgairement, leur poudre aux moineaux.

Nous accepterons donc la solidarité du conseil qu'on donnait aux photographes, assez habiles pour avoir découvert ou perfectionné le stéréoscope, en les adjurant de faire tout simplement quelque chose d'artistique et de sérieux ; et quand nous verrons un confrère, organisé pour bien voir et bien faire, s'amoindrir dans ces bagatelles, il nous viendra toujours à la bouche le triste et fameux : *Tu quoque !*

Ici confessons une faute, pour laquelle nos mauvaises jambes nous feront trouver grâce.

L'exposition anglaise exceptée, nous n'avons pu complétement examiner les photographies étrangères. Pour quelques-unes, l'Amérique entre autres, on cherchait en vain quelque homme de peine muni d'une lampe à réflecteur. A

défaut, il y aurait bien eu la ressource d'en apporter une avec
soi, s'il y avait eu chance de la voir admise par le contrôle.
Bref, avec des yeux qui ne savent pas distinguer les objets dans
les ténèbres, il nous a fallu deviner que les plaques améri-
caines étaient grandes et nettes, mais que les groupes de
figures sentaient un peu trop *la plantation,* et paraissaient con-
gelés comme les seigneurs siciliens, par la baguette magique
de Robert, au 4ᵉ acte.

Il est arrivé de Florence des animaux daguerréotypés par
M. Alph. Bernoud, et qui ne craignent aucune comparaison.
Quelques bouledogues blancs, dont l'un, entre autres, tient
un paquet dans sa gueule, atteignent la perfection. Puisse
néanmoins M. Bernoud se rappeler que la plaque a fait son
temps! A ce propos, il nous est revenu que notre opinion sur
le *doublé d'argent* avait courroucé quelques-uns de nos confrères. Ils nous pardonneront, en y réfléchissant, d'avoir
émis tout haut, avec indépendance, un sentiment qui n'a
d'ailleurs que la faible portée de nos vues personnelles, comme
tout ce que nous avons hasardé dans ce Bulletin. Toutefois,
il eût peut-être fallu se taire à cet endroit, si nous n'avions eu
la conscience de résumer ce que chacun pense tout bas et dit,
en arrière des parties intéressées. Sans doute la plaque a
donné des jouissances infinies au début de l'invention, et des
résultats relativement magnifiques. Des hommes du meilleur
goût et des plus habiles, en ont fait, et peut-être en font encore
leurs délices. M. le baron Gros, M. Vaillat et d'autres ont
épuisé dans cette carrière toutes les ressources, et déployé
toutes les supériorités possibles de la science et de l'art; c'est
pourquoi, précisément, nous déplorons l'absence de leur concours aux féconds résultats des nouveaux procédés. Ils ont
tort, selon nous, de s'obstiner contre la loi du progrès.

On a fait de charmants voyages en chaise de poste : est-ce
une raison pour bouder les chemins de fer? Les perruques à
frimas, les ailes de pigeon et les catogans ont orné le front
des grands hommes et troublé plus d'un cœur; pourtant on a
supprimé les frimas et coupé les catogans. Pourquoi faire de
la plaque? Enfin, nos pères ont tué fort proprement la perdrix
et le lièvre, et de temps en temps leurs semblables, avec les
fusils à silex, ce qui n'empêche pas l'arme à percussion d'être
assez communément préférée. Pourquoi faire de la plaque?

Et ainsi de suite, jusqu'à la consommation.... du doublé d'argent.

Le soleil d'Italie porte bonheur à M. Laurent; c'est un puissant auxiliaire, mais dangereux aussi quelquefois, et dont la collaboration trop vive ne fait souvent qu'augmenter les mérites de son camarade humain.

Sous la rubrique de Bavière, on voit huit portraits sur collodion, dont les poses décèlent un tantinet d'affectation et d'apparat. A cette nuance près, grande tournure, exécution pure et soignée, sans souci *de la petite bête*; mais un peu moins d'égalité de ton et d'effets n'aurait pu qu'ajouter à leur haute valeur.

Munich s'honore d'un nom contrariant pour notre oreille, mais d'un souvenir sympathique aux yeux des connaisseurs : c'est celui de M. François Hanfstangl, dont les œuvres ont une analogie frappante avec celles de son compatriote. Dans ses quinze portraits, il n'y a rien de faible, et beaucoup sont très-remarquables, surtout un portrait à lunettes, et celui qui faisait le pendant, à gauche, avec un manteau doublé d'astrakan.

Dans ces personnages bien ajustés, d'intelligente attitude et sagement entourés, vous devinez des hommes et non des mannequins subordonnés aux tapissiers et tailleurs. Vous sentez dans ces physionomies la vie, la pensée, le mouvement; aucune plate combinaison de Van Dyck à réclames n'est venue jeter sur l'ensemble cette insignifiance ronde et cendrée qui rend tous les modèles égaux devant le dédain des connaisseurs. En résumé, ces portraits révèlent chez nos confrères bavarois des instincts fort distingués, aidés par la fréquentation des galeries de Munich; mais, peut-être, ont-ils en général plus de brillant que de modelé, plus d'éclat que de finesse. Une teinte bleuâtre et comme veloutée refroidit et monotonise l'impression. Nous approchons du soleil polaire; il éclaire encore, il ne réchauffe presque plus.

La Prusse est dignement représentée. Les collections éclectiques d'objets plus ou moins intéressants et curieux, amassés à Liegnitz, ont été pour M. Minutoli, qui les a rassemblés dans trois albums photographiques, la base d'un travail persévérant et considérable, très-habilement exécuté.

Tout près de lui se joue certaine partie d'échecs dont on

nous avait beaucoup parlé. C'est, dit-on, acheté par le prince
Albert. La courtoisie nous ferme la bouche.

En sortant de ces galeries, après un dernier examen que
notre conscience nous imposait, nous avons écrit la lettre sui-
vante à M. Schaefer, de Francfort-sur-le-Mein. Le lecteur,
fatigué des formules convenues, nous saura-t-il mauvais gré
de la lui soumettre ?

« Monsieur, je rend grâces à l'heureuse inspiration qui m'a
» conduit, *in extremis*, au Palais de l'Exposition où je n'avais
» pas encore su vous trouver. Veuillez recevoir mes très-vifs
» compliments, auxquels je regrette qu'une autorité mieux
» assise ne prête pas une valeur plus réelle. Je vous dois d'a-
» voir clos une consciencieuse revue de la photographie par
» la contemplation prolongée d'une œuvre exquise, au dou-
» ble point de vue de l'art et du procédé. On ne saurait pous-
» ser plus loin l'habileté de la mise en scène, le goût des dis-
» positions, les aériennes et harmonieuses valeurs des fonds,
» l'éclat du ton général, mais j'entends cet éclat tranquille
» et calme dans sa force, qui n'emprunte rien aux moyens
» factices, rien aux contrastes artificiels. Que dirai-je de la
» piquante variété de vos portraits petits et grands, de
» vos ressources d'arrangements, du modelé si ferme, si fin
» et si large, qu'on ne trouve jamais en défaut? Ces éloges
» déjà trop longs, que je n'ai pu retenir, doivent être de-
» venus lieux communs à votre oreille.

» Le but de ma lettre est tout autre. Serait-il vraiment im-
» possible d'obtenir de vous que ce cadre précieux restât entre
» mes mains, à Paris ?

» Je fais aussi des portraits en amateur, et je vous prends
» pour un des maîtres dont je voudrais garder l'enseignement
» sous mes yeux, comme un gage de progrès dans mes travaux
» et de certitude pour mon jugement.

» Si j'étais assez favorisé pour qu'une voie quelconque de
» cession, échange ou vente, pût vous agréer, j'en aurais une
» véritable joie. Ce sont des portraits, direz-vous, et partant
» chose difficilement aliénable. Je réponds que ce sont des bi-
» joux, et qu'en lapidaire que vous êtes vous ne pouvez les
» refuser à mon avidité.

» Songez enfin que ni l'intérêt, ni la vanité, ni le caprice

» ne me portent vers vous. C'est un confrère, un amateur
» jeune par l'enthousiasme, un émule ou plutôt un élève que
» vous rendrez heureux, et qu'en tout cas, indiscret ou seule-
» ment original, vous devez excuser en faveur de cette maladie
» de l'art dont vous êtes si bien, vous-même, atteint et
» convaincu.

» Agréez, etc. »

Si notre audace tourne à bien, nous réexposerons généreu-
sement et sans crainte ce tant désiré cadre aux plus difficiles
de nos amis et camarades; c'est par ces délectations élevées
qu'il est bon, croyons-nous, de se préparer à de nouveaux
efforts.

Maintenant le chaos du déménagement soulève et disperse
les merveilles amassées au Palais de l'Industrie. Huit jours
encore, et toutes les feuilles de la photographie seront
tombées au vent de la clôture, emportées vers tous les points
de l'horizon. En attendant qu'elles soient appelées à rever-
dir aux rayons d'une si vaste publicité, mainte hospitalité
modeste et fraternelle viendra les réunir. Notre première
exposition de la rue Drouot, par son importance et sa variété, légitime les meilleurs présages sur celle de l'an prochain. On y voit briller plus d'un nom absent au catalogue
officiel des Champs-Élysées. Nous sommes en droit d'espérer
que de nombreux émules feront à notre Société l'honneur
d'envisager le rendez-vous de 1856 comme un stimulant énergique.

Voici que l'hiver nous frappe de ses rigueurs : mot d'une vérité
spécialement vraie pour les photographes. Le soleil se voile et
les brumes s'élèvent, décourageantes pour les plus zélés. C'est
au tour du laboratoire de s'ouvrir, pour nous doter de forces
imprévues et d'agents plus dociles. Déjà mainte heureuse nouvelle circule. Des problèmes décisifs semblent au moment
d'être résolus. Heureux qui débute sous de pareils auspices,
quand les difficultés matérielles disparaissent à l'envi.

Ipsa tibi blandos fundent cunabula flores!

Mais, grâce à Dieu, la question d'art subsiste, et comme elle est inépuisable, elle nous restera toujours pour servir de terrain à de nobles luttes et pour alimenter la source des distinctions personnelles.

Extrait du Bulletin de la Société française de Photographie, année 1855.

Paris. — Imprimerie de Mallet-Bachelier,
Rue du Jardinet, 12.

www.ingramcontent.com/pod-product-compliance
Lightning Source LLC
LaVergne TN
LVHW020547060726
842525LV00004B/1329